SOEFISME HERZIEN

Jonas Slaats

Yunus Publishing
Punkademics

Soefisme Herzien
Jonas Slaats

Versie 1.1

Een
Yunus Publishing
'Punkademics'
publicatie

Gent
2017

www.jonasslaats.net
www.yunuspublishing.org

ISBN (gedrukte versie): 978-94-926-8901-6
ISBN (epub): 978-94-926-8900-9
ASIN (kindle): B06XBSYFWY

D/2017/12.808/1
NUR: 740

Omslagbeeld: Het symbool op de cover wordt veelal aangeduid als 'de Hamsa' of 'het handje van Fatima'. In verschillende delen van de (islamitische) wereld wordt het als een amulet gebruikt om zich te beschermen tegen het kwaad (of meer specifiek tegen 'het boze oog'). Het beeld kent een lange geschiedenis en is ouder dan de islam, waardoor het ook door Joden wordt afgebeeld. Veel soennieten associëren het symbool sterk met Fatima, de dochter van de Profeet en de vrouw van Ali. In regio's waar grote groepen sjiieten wonen – zoals Iran, Pakistan en India – worden de vijf vingers van de hand meer specifiek met leden van de Profetische familie geassocieerd (Mohammed, Ali, Fatima, Hassan, Hoessein) en wordt het daardoor een verwijzing naar het sjiïsme. Het beeld is bijgevolg een meerlagig symbool dat verschillende elementen in zich draagt van mystiek, vrouwelijkheid en religieuze devotie. *(Bron: 123rf.com - Hamsahand, getekend door Kisslilly.)*

Ze wilden me allen als vriend
maar ze hoorden enkel wat ze wilden horen.
Niemand zocht dat geheim
dat ik binnenin me draag.
Mijn geheim bevindt zich niet ver van mijn pijn,
geest en lichaam blijven niet voor elkaar verborgen,
maar toch kan je de ziel niet ontwaren.
Welk oog bezit het licht om te zien,
welk oor de kracht om te horen?

Jelal-ud-Din Rumi
Masnavi, Lied van het riet

INHOUD

INLEIDING

Het soefisme wordt steevast omschreven als 'de mystieke tak van de islam'. Wat meer aandacht voor deze onderbelichte spirituele kant van de islam, zo stellen sommigen, zou ons kunnen helpen om hedendaagse maatschappelijke vraagstukken te ontmijnen. Met de ene vinger wijst men dan richting de rigoureuze religieuze agressie van fundamentalisme als probleem en met de andere vinger naar de zachtheid en de schoonheid van mystiek als oplossing.

Zoiets klinkt natuurlijk goed. Dus wat is dit soefisme precies en kan het ons inderdaad helpen om hedendaagse conflicten te doorbreken?

Wie die vraag wil beantwoorden wordt echter van meet af aan met moeilijkheden geconfronteerd. Zo is het bijvoorbeeld niet eens duidelijk waar het woord 'soefi' vandaan komt. Er bestaan verscheidene mogelijke verklaringen. De meest gebruikelijke verwijst naar het woord 'soef' dat 'wol' betekent. Dat zou immers herinneren aan de wollen kleding van sommige rondtrekkende asceten uit de eerste eeuwen van de islam, die er een mystieke levensvisie op na hielden. Volgens anderen zit de oorsprong vervat in het Arabische woord 'safa' wat 'zuiverheid' betekent. In die zin zou het verwijzen naar de spirituele zuiverheid die de soefi's met hun innerlijke zoektocht nastreefden. Nog een andere mogelijkheid keert terug naar de 'ahl as-soeffah', d.w.z. 'de mensen van het verhoog'. Dat was een groep arme mannen die van de profeet de toestemming kregen om op een verhoogde zitplaats vlakbij de moskee in Medina plaats te nemen en er aalmoezen te ontvangen. Ook zij zouden grote spirituele overgave en wijsheid getoond hebben.[1]

Hoe dan ook, het woord 'soefi' wordt in elk geval geassocieerd met een spiritueel ideaal van ascese, mystiek en spirituele zuiverheid.

Wie geen moslimachtergrond heeft, komt vaak voor het eerst met het soefisme in contact doorheen de gedichten van grote mystici zoals Hafez of Roemi. Die laatste is meteen ook de stichter van de draaiende derwisjen, een vrij gekend en iconisch voorbeeld van islamitische mystiek. Met brede witte rokken om de heupen en een roodbruine fez op het hoofd wentelen de derwisjen rond hun as tot ze in extase raken. Het spreekt al eeuwenlang tot de verbeelding in zowel Oost als West.

Wanneer 'het soefisme' aan bod komt in populaire literatuur, documentaires, nieuwsberichten of toeristische folders wordt het dan ook afgeschilderd als een meer tolerante, open en vrije vorm van islam die op verschillende vlakken niet aanvaard wordt door de mainstream omdat het bol staat van de poëzie, muziek, dans en trance. Een typisch voorbeeld van zo'n omschrijving kon men bijvoorbeeld lezen in de vijftiendelige reeks 'De islam ontsluierd', een bundeling van korte journalistieke dossiers die in maart 2007 als bijlages bij *De Standaard* werden gevoegd.[*] In het

---

[*] Wanneer in dit boek de mediaberichtgeving rond 'het soefisme' geanalyseerd wordt, wordt daarvoor in hoofdzaak gebruik gemaakt van geschreven media uit Vlaanderen zoals *De Standaard* en *Knack*. Daar zijn enkele redenen voor. Een eerste methodologische reden is dat kranten, tijdschriften en hun websites gemakkelijker woordelijk te doorzoeken zijn dan beeld- of geluidsmateriaal van tv- en radio-omroepen. Een tweede methodologische reden is dat de gevonden berichten gemakkelijker te bewaren zijn voor eventuele latere referentie. Een derde en meer inhoudelijke reden is dat ze gezien worden als 'kwaliteitsmedia'. Van kwaliteitspers mag men immers grotere objectiviteit en onderzoeksgerichtheid verwachten. Wanneer die kwaliteitskranten toch lacunes laten zien, wordt het moeilijk om dat eenvoudigweg toe te schrijven aan 'slechte journalistiek' en wordt duidelijk dat het om dieperliggende patronen van beeldvorming gaat. Een vierde reden is meer moreel van aard: het zijn nieuwskanalen die ik zelf geregeld raadpleeg. Aangezien er verder geen enkele reden is

dossier over 'moslimcultuur vandaag' beschreef men het soefisme als volgt:

> Het soefisme is de verzamelnaam voor mystieke stromingen binnen de islam. (...) De beweging is volgens godsdiensthistorici een antwoord op het dikwijls formele karakter van de islam, met zijn vele voorschriften, en op het feit dat God in de traditionele islam onbereikbaar lijkt. (...) Islamitische mystici streven ernaar één te worden met God. (...) Vele soefi's beschrijven hun verbondenheid met God in termen van de verhouding tussen twee geliefden. Er zijn opvallende gelijkenissen met de manier waarop christelijke mystici als Hadewijch en Theresa van Avila hun liefde tot God beschrijven. (...) Het feit dat in de soefitraditie ook heiligenverering voorkomt, maakt de beweging voor vele traditionele moslims verdacht.[2]

Een typisch voorbeeld van een meer summiere 'definitie', die vaak wordt toegevoegd in nieuwsartikelen die bepaalde events willen duiden maar die minder plaats hebben voor uitgebreide uitleg over het soefisme, vind je in een nieuwsbericht over een aanslag op een Pakistaans heiligdom op de website van de Vlaamse radio- en tv-omroep:

> Het soefisme is een mystieke traditie die zijn oorsprong vindt in de vroege islam, maar door orthodoxe moslims wordt verworpen.[3]

Geregeld wordt aan dergelijke omschrijvingen toegevoegd dat we twee mooie doelen kunnen dienen door deze gemarginaliseerde spirituele stroming van de islam terug aan te wakkeren: in

---

om aan te nemen dat deze nieuwskanalen fundamenteel zouden verschillen van gelijkaardige kwaliteitspers in andere Europese taalgebieden, leek het vanzelfsprekend om in de eerste plaats de media van het land waar ik zelf woonachtig ben 'op de rooster te leggen'.

het Westen kan het een ander beeld van de islam laten zien en in de islamitische wereld kan het een tegengewicht bieden voor de vastgeroeste orthodoxie.

Maar hoe fijn dit alles ook klinkt en hoe wijdverspreid deze veronderstellingen ook zijn, uiteindelijk laat men telkens opnieuw zien dat men weinig begrepen heeft van de islamitische mystiek. De typische beschrijvingen staan bol van de misverstanden en de conclusies die eruit voortvloeien vragen om stevige nuanceringen.[*]

Die misverstanden vloeien niet eenvoudigweg voort uit onschuldige onwetendheid. Het zijn misverstanden die nauw verbonden zijn met enorme blinde vlekken van de gangbare kijk op religie en met prangende politieke kwesties. Weinigen zijn er zich van bewust, maar de wijze waarop men omgaat met mystiek in het algemeen en met soefisme in het bijzonder, houden daardoor heel wat hedendaagse conflicten mee in stand.

De insteek van dit boek mag dan ook duidelijk zijn. Het wil noodzakelijke nuances aanbrengen, misverstanden corrigeren en de huidige 'politiek van mystiek' ontbloten. Het wil verduidelijken dat de groeiende interesse voor datgene wat men 'het soefisme' noemt finaal verbonden is met zowel de actuele

---

[*] In zekere zin wordt dat zelfs duidelijk in de benaming 'het soefisme'. Door islamitische mystiek als een '-isme' te omschrijven verdraait men immers meteen haar realiteit. Waarom dat zo is, wordt later verhelderd. Op dit moment is het echter van belang even aan te stippen dat om die reden het woord 'soefisme' in dit boek meestal tussen aanhalingstekens wordt geplaatst. Zo tracht ik weer te geven dat men er wel op die manier over spreekt, maar dat de term op zich bedenkelijk is. Wanneer de term toch zonder aanhalingstekens wordt vermeld, is dat enkel in de context van de wijze waarop anderen het als een schijnbaar vanzelfsprekende term gebruiken. In overeenstemming daarmee wordt in dit boek ook niet naar soefi's verwezen als 'aanhangers van het soefisme'. Met het woord 'soefi's' wordt wel verwezen naar specifieke islamitische figuren die geëerd worden om het hoge mystieke niveau dat zij bereikten. Ook dat wordt later nog grondiger verduidelijkt.

demonisering van Islam als met de moderne afbraak van diepgaande spiritualiteit van Oost tot West.[*]

Wanneer we 'het soefisme' willen herzien, hoeven we bijgevolg niet in eerste instantie de klassieke islamitische visie op mystiek uit de doeken te doen. Wel moeten we aanvatten met de moderne Westerse visie op spiritualiteit.

---

[*] Dit boek (*Soefisme Herzien*) werd in sterk verkorte versie als een hoofdstuk opgenomen in *Fast Food Fatwa's: Over islam, moderniteit en geweld* dat in 2017 verscheen bij Davidsfonds. Ten opzichte van dat hoofdstuk, biedt de uiteenzetting op deze pagina's meer voorbeelden en meer nuanceringen. Er wordt dieper ingegaan op sommige relevante aspecten waarvoor geen plaats was in het *Fast Food Fatwa's* hoofdstuk. Maar de lezer die na het lezen van *Soefisme Herzien* wenst na te gaan hoezeer onze omgang met islamitische mystiek uiteindelijk slechts een onderdeel vormt van grotere patronen in onze hedendaagse maatschappelijke spanningen, doet er goed aan ook *Fast Food Fatwa's* door te nemen. In enkele passages worden op dat vlak reeds enkele 'kruisverwijzingen' gelegd die de lezer eventueel op weg kunnen helpen om zich verder in de materie te verdiepen.

1.

DE MODERNE KIJK
OP SPIRITUALITEIT EN MYSTIEK

In ons hedendaagse mens- en wereldbeeld worden spiritualiteit en religie als aparte concepten behandeld. Van café tot tv kan men allerhande mensen horen zeggen dat ze "wel spiritueel zijn, maar niet religieus". Uit een onderzoek in de VS bij 1200 jongeren bleek zelfs dat 72 procent van diegenen die omstreeks de millenniumwisseling geboren zijn, zich op die manier omschrijft.[4]

Hoe wijd verspreid zo'n idee is, wordt eveneens duidelijk in verschillende populaire bestsellers. Een bijzonder expliciet voorbeeld daarvan is *Waking Up: A Guide to Spirituality without Religion*, een boek van de Amerikaanse tv-persoonlijkheid Sam Harris. De titel op zich zegt al genoeg. Een ander voorbeeld zijn de ideeën van de populaire Franse filosoof Alain de Botton. In een meer dan anderhalf miljoen keer bekeken TED-talk zet deze zijn visie uiteen op wat hij 'atheïsme 2.0' noemt:

Wat is atheïsme 2.0? Wel, het vertrekt van de basisgedachte dat er geen God is. Natuurlijk zijn er geen godheden, bovennatuurlijke geesten of engelen, of iets in die aard. Laat ons echter verder gaan. Dit is immers niet het einde van het verhaal. Het is nog maar het prille begin. Ik ben immers geïnteresseerd in de groep mensen die ongeveer als volgt denkt: "Ik kan in dit soort dingen niet geloven. Ik geloof niet in de doctrines. Die doctrines kloppen

> niet. Maar," – een belangrijke maar – "ik hou van kerstliedjes. Ik
> ben dol op de kunst van Mantegna. Ik bezichtig graag oude
> kerken. Ik blader graag door het Oude Testament." Wat het ook
> mag zijn, je weet waarover ik het heb – mensen die van de
> ritualistische kant houden, de moralistische, gemeenschap-
> pelijke kant van het geloof, maar de doctrines niet kunnen
> uitstaan.[5]

Op het einde van de lezing gaat interviewer Chris Anderson in gesprek met de Botton en merkt hij op dat een welbepaald aspect van religie niet werd aangehaald.

> Namelijk het gevoel – waarschijnlijk het belangrijkste voor ieder
> religieus mens – van een spirituele connectie, van een zekere
> connectie met iets dat groter is dan jij bent. Is er ruimte voor die
> ervaring in Atheïsme 2.0?[6]

Waarop de Botton antwoordt:

> Absoluut. (...) Het universum is groot en wij zijn nietig, zonder de
> nood voor een hogere religieuze overkoepelende structuur. Men
> kan ook zogeheten spirituele momenten ervaren zonder in de
> spirit, de geest, te geloven.[7]

Dit fragment is slechts één van de ontelbare voorbeelden van de wijze waarop spiritualiteit en mystiek vandaag vooral omschreven worden in termen van een soort innerlijke verbondenheid met een ongedefinieerde transcendente realiteit. Heel wat atheïsten zien het daardoor eveneens als een wezenlijke dimensie van het leven. Maar tegelijkertijd distantieert men zich van elk religieus instituut of van 'georganiseerde religie'. Men ziet de 'gevestigde ordes' als instituten die vastgeroest zitten in een pantser van doctrines en dogma's.

Zo'n visie staat echter bol van modernistische premissen die in geen enkel opzicht zo vanzelfsprekend zijn als ze worden voorgesteld.

Op de eerste plaats vertrekt een dergelijke tweedeling vanuit een moderne dualiteit tussen 'geloof' en 'rede'. Omwille van de nadruk op het belang van de rede in die tegenstelling, is de standaardpremisse daarenboven dat 'geloof' zo veel mogelijk tot de privésfeer zou moeten behoren. Hoe meer geloof zich veruitwendigt in concrete daden en praktijken, hoe meer men het ziet als een zaak van ouderwetse en gevaarlijke invullingen van religie.

Dat leidt vervolgens tot een tweede categorisering tussen religie en spiritualiteit: religie wordt gezien als een institutionele wereld vol officiële dogma's die persoonlijke geloofsbeleving beperken terwijl spiritualiteit en mystiek omschreven worden als legitieme zoektochten naar individuele zelfontwikkeling. In tegenstelling tot religie, krijgen concepten zoals 'spiritualiteit' en 'mystiek' bijgevolg een veel positievere connotatie want, hoewel dergelijke concepten zeker niet vanzelfsprekend zijn in een overmatig door wetenschappelijkheid en rede gedomineerd wereld- en mensbeeld, beantwoorden ze beter aan de modernistische verwachting dan het concept 'religie'. 'Echte' spiritualiteit wordt immers gezien als een innerlijke en individuele aangelegenheid. Hoe 'uiterlijker' het wordt hoe meer het als 'onecht' wordt beschouwd en hoe meer het doet denken aan de beknellende regels en machtsverhoudingen van religie. Niet alleen lijkt het daardoor moeilijk dat religie en mystiek kunnen samengaan, religie lijkt net een limiterende factor te zijn om de eigen spiritualiteit werkelijk te beleven.

Deze conceptuele tweedeling staat echter haaks op de realiteit. Zo kennen de meeste religieuze tradities geen gecentraliseerd instituut dat voor alle gelovigen een lijst van dogma's vastlegt. En datgene wat we nu als spiritualiteit en mystiek afzonderen, werd door die gelovigen zelden als een aparte dimensie beschouwd van het religieuze en mythologische weefsel waarmee ze zich verbonden wisten. Wie met een modernistische blik naar religie kijkt, wringt spiritualiteit en mystiek daardoor in een conceptueel kader dat zowel sociologisch, historisch als theologisch tekort schiet. Zeker in het geval van de islamitische mystiek is het problematisch.

2.

DE PLAATS VAN MYSTIEK BINNEN DE ISLAM

DE STRUCTUUR VAN ISLAMITISCHE MYSTIEK

Wanneer in encyclopedische artikelen of in typische handboeken over godsdienst de structuur van de islam wordt uitgetekend, dan wordt het soefisme er meestal afgezonderd van de andere groeperingen en bewegingen. Een mooi voorbeeld daarvan is het schema dat men op Wikipedia kan vinden onder de hoofding *Denominations* (*Denominaties*) van het algemene artikel over 'Islam' waar de tariqa's van het soefisme expliciet apart worden gegroepeerd.[8] (*Zie afbeelding op de volgende pagina.*)

Waarschijnlijk is deze afbeelding dagelijks voor duizenden mensen die even op het web surfen, op zoek naar neutrale en encyclopedische informatie, het eerste algemene beeld dat ze over de structuur van de islam te zien krijgen. Het beeld wordt bovendien versterkt door de begeleidende tekst die de grote islamitische strekkingen onderverdeelt in soennieten, sjiieten,

soefi's, 'andere denominaties' en 'Moslims zonder denominatie'.*
Het specifiekere Wikipedia artikel *Islamic schools and branches*
gaat veel dieper in op een heel aantal strekkingen en
groeperingen, maar dezelfde afbeelding krijgt bovenaan de
pagina een prominente plaats en in de grotere onderverdeling
wordt soefisme opnieuw als aparte tak gezien, naast o.a.
soennieten, sjiieten, Ahmadiyya's en Kharijiyyah's.[9] Ook in de
Nederlandse versies van beide artikelen komt een min of meer
gelijkaardige onderverdeling terug waarbij het soefisme heel
expliciet als aparte stroming wordt behandeld.[10]

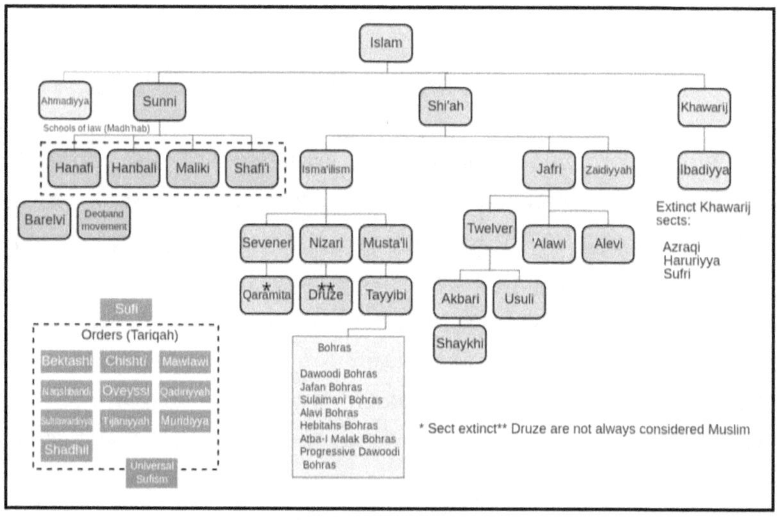

Dergelijke schema's en overzichten zorgen echter voor een
vertekend beeld van de realiteit. Het soefisme is helemaal geen

---

* Dit was toch het geval toen ik begin september 2016 de pagina bekeek. Gezien de
snelheid waarmee sommige Wikipedia artikelen aangepast worden, kan de pagina
verschillen wanneer men deze opnieuw bekijkt. Een jaar eerder, bijvoorbeeld, was de
categorie 'Moslims zonder denominatie' nog niet in het overzicht opgenomen.

afzonderlijke stroming binnen de islam. Het is geen aparte tak van de boom. Het is veeleer het sap dat vanuit de wortels tot in de bladeren stroomt. Het zit in alle andere takken en strekkingen verweven.

De tariqa's van het soefisme zijn immers geen gemarginaliseerde gemeenschappen van de islam. Het zijn veeleer scholen of ordes die ontstonden rond de leerstellingen van een welbepaalde sjeik, dat wil zeggen een spirituele leermeester die een groep leerlingen om zich heen verzamelde en zijn specifieke interpretaties van de islam aan die leerlingen doorgaf.* De sjeik stelde in de meeste gevallen ook zelf de volgende sjeik van de gemeenschap aan. Zo ontstonden lange silisla's, dat wil zeggen 'overdrachtsketens', van meester op leerling.

Dergelijke meester-leerlingketens bepalen in grote mate het onderliggende patroon van de verschillende aftakkingen binnen de islam. Dat geldt evenzeer voor de onderverdelingen die in het bovenstaande schema niet tot de soefi tariqa's worden gerekend. Eén van de meest evidente en sprekende voorbeelden daarvan is de soennitische opdeling in vier rechtsscholen. Zoals iedereen met wat basiskennis van de islam wel weet, zijn dat helemaal geen aparte afsplitsingen zoals schisma's in christelijke kerken maar zijn het veeleer vier verschillende interpretaties van de theologische jurisprudentie in de islam. Ook deze ontstonden vanuit de leer van vier figuren die een bepaalde visie op morele en rituele aspecten van de islam formuleerden en die deze visie aan een groep leerlingen doorgaven. Wanneer die leerlingen op hun beurt leraren werden, gaven ook zij die visie door aan een

---

* Het woord 'sjeik' wordt al eens geassocieerd met rijke Arabische handelaren, maar het is oorspronkelijk een teken van eerbied dat letterlijk 'oudere' betekent en aan de leider van een gemeenschap wordt toegekend. Daardoor kan het niet alleen verwijzen naar de politieke leider van een bepaalde stam of clan maar even goed naar een spirituele leider van een bepaalde religieuze gemeenschap.

volgende generatie. Binnen de soennitische islam kregen de verschillende leerstellingen van deze vier figuren daardoor een bijzonder grote autoriteit toegekend. Hun theologische jurisprudenties groeiden uit tot normerende visies en werden een standaard onderdeel van de leer van de vele andere soennitische groeperingen.

De term 'school' kan daardoor mensen zonder islamitische achtergrond soms verwarren, maar het mag duidelijk zijn dat het geen kwestie is van specifieke instituten met een welbepaalde autoriteit aan het hoofd. Het gaat veeleer om denkstromen die doorwerken in de vele groeperingen en schakeringen die de islamitische wereld rijk is. En ja, ook de soennitische broeder- of zusterschappen die expliciet onder de soefi-tariqa's gerekend worden, houden er over het algemeen een specifieke theologisch-juridische denkwijze van één van de vier scholen op na.

De verschillende soefitariqa's die op het Wikipediaschema afgezonderd worden van de 'stamboom' van de islam moeten daarom veeleer op verschillende plaatsen in die stamboom opgenomen worden. Om slechts twee voorbeelden te geven: de mevlevi tariqa hoort eigenlijk thuis onder de soenni hanafi (dat wil zeggen: ze behoren tot de soennitische strekking en houden de hanafitische rechtsleer aan) en de bektashi horen eigenlijk thuis onder de sjii alevi (dat wil zeggen: ze behoren tot de alevitische tak binnen de sjiitische strekking).*

Omgekeerd geldt trouwens hetzelfde. Groeperingen die standaard niet tot de soefi tariqa's worden gerekend, houden er naast hun specifieke theologische of juridische overtuigingen

---

* Je hoeft geen moeilijke vakliteratuur door te spartelen om dat te achterhalen. Je vindt die informatie ironisch genoeg op Wikipedia zelf. (Zie: Wikipedia, *Rumi*, s.d. en Wikipedia, *Bektashi order*, s.d.) Maar dergelijke discrepanties worden blijkbaar niet opgemerkt door Wikipedialezers of –auteurs en zorgen daardoor niet voor een aanpassing van de algemene teksten over islam.

vaak heel mystieke ideeën op na. Belangrijke islamitische figuren die we vandaag helemaal niet meteen als mystici zouden omschrijven, lieten zich vaak heel positief uit over islamitische mystiek. In een artikel over islamitische spiritualiteit lijst de gerespecteerde islamgeleerde en Cambridge professor Abdal Hakim Murad enkele namen op:

> De eerste Shafi'i geleerden van Khurasan: al-Hakim al-Nisaburi, Ibn Furak, al-Qushayri and al-Bayhaqi, waren allemaal soefi's die belangrijke overdrachtsfiguren waren in de rijkste academische tradities van de Abbasidische islam (...) Bij de Maliki's was soefisme ook heel populair. Al-Sawi, al-Dardir, al-Laqqani and Abd al-Wahhab al-Baghdadi waren allen exponenten van het soefisme. (...) Voor Hanbalitisch soefisme moet men niet verder kijken dan uiterst gerespecteerde figuren als Abdallah Ansari, Abd al-Qadir al-Jilani, Ibn al-Jawzi, and Ibn Rajab. Eigenlijk schreven alle grote verlichte geesten van de middeleeuwse islam – zoals al-Suyuti, Ibn Hajar al-Asqalani, al-Ayni, Ibn Khaldun, al-Subki, Ibn Hajar al-Haytami; tafsir schrijvers zoals Baydawi, al-Sawi, Abu'l-Su'ud, al-Baghawi en Ibn Kathir; Taftazani, al-Nasafi, al-Razi – werken die het soefisme ondersteunden. Velen produceerden hun eigen werken die van toen af heel wat soefistische inspiratie boden.[11]

Het hoeft dan ook geenszins te verwonderen dat het gevestigde religieuze establishment op heel wat plaatsen van islamitische mystiek doordesemd is. Dat valt bijvoorbeeld sterk op in de werking van de Egyptische al-Azhar universiteit die al vele eeuwen lang en tot op vandaag als één van de belangrijkste academische centra van de islamitische wereld fungeert. Zoals prof. Jonathan Brown aangeeft, "was het lange tijd de standaardgewoonte voor zowel professoren als studenten in de moskee en het universiteitssysteem van al-Azhar om aan een soefi-orde verbonden te zijn. Hoewel al-Azhar niet monolithisch is, werd haar identiteit sterk met het soefisme geassocieerd."[12]

Onze moderne reflex om alles tot in de puntjes te analyseren en in mooi afgelijnde vakjes onder te brengen botst hier dus op beperkingen. Het laat ons immers niet toe de organische groei van een gedecentraliseerde religie als de islam in kaart te brengen en het maakt ons blind voor de sociologische realiteit. In de islam is er immers sprake van een amalgaam aan bewegingen, strekkingen, stijlen, groeperingen en denkstromen die op verschillende manieren met elkaar verbonden zijn. En het is onbegonnen werk om de mystieke groeperingen uit dat geheel te filteren.[13]

Zoals Abdal Hakim Murad's citaat al deed uitschijnen, laat dit alles zich duidelijk zien in het leven en de leer van bekende, gerespecteerde en invloedrijke figuren uit de geschiedenis van de islam.

Twee sprekende
historische voorbeelden

Een eerste concreet en gekend historisch voorbeeld van het feit dat de ontkoppeling tussen religie, spiritualiteit en mystiek in de islam onhoudbaar is, is Muhammad al-Ghazali.

Op het einde van de elfde eeuw bekleedde al-Ghazali de meest prestigieuze academische post van de toenmalige islamitische wereld aan de universiteit van Bagdad. Op zekere dag werd hij echter overvallen door een spirituele crisis. Jarenlang liet hij het lesgeven achterwege, zwierf hij rond als een ascetische bedelaar en bewandelde hij 'de weg van de mystiek'. Na zijn omzwervingen besloot hij echter niet om totaal te breken met de klassieke theologie of de gevestigde orde. Integendeel. Hij schreef toen zijn beroemde veertigdelige werk 'Ihya' Ulum al-Din' ('De herwaardering van de religieuze wetenschappen'). De belangrijke middeleeuwse geleerde en historiograaf al-Nawawi zei over dat werk: "Indien alle islamitische boeken verloren raakten, behalve de 'Ihya' dan zou dat volstaan om de anderen te vervangen."[14] Tot op vandaag is het één van de meest gelezen en meeste gerespecteerde werken in de islamitische wereld.[15] Op uitvoerige wijze bespreekt het immers de meest uiteenlopende thema's van het islamitische geloof, van morele aspecten (zoals de etiquette van het huwelijk) over jurisprudentie (zoals de wijze waarop men religieuze rituelen ten uitvoer moet brengen) tot mystiek (zoals beschouwingen over de 99 namen van God).[16] Dat al-Ghazali uiteindelijk de meest invloedrijke geleerde werd van de middeleeuwse islam heeft hij dan ook te danken aan het feit dat hij 'de weg van de mystiek' en 'de traditionele theologie' zo stevig met elkaar wist te verweven.[17]

Een tweede voorbeeld is de reeds vermelde Mevlana Roemi. De poëzie van deze dertiende-eeuwse mysticus wordt ook door mensen zonder islamitische achtergrond gretig gelezen aangezien hij een grote hoeveelheid inspirerende mystieke liefdespoëzie achterliet. Een voorbeeld daarvan zijn de volgende verzen:

Wees dronken van liefde
want enkel liefde bestaat.

Als men je vraagt:
"Wat is liefde?"
Antwoord dan:
"Het weggieten van de wil."

Er is geen vrije wil
voor diegene die niet losliet.

Laat zorgen los
en wordt puur van hart
zoals de afbeelding
op de spiegel geen afdruk laat.

Ik vroeg:
"Wat zal het mij brengen?"
Neen. Laat het stil worden.
Zodat de geliefde niet zegt:
"Hij bewaart geen geheimen."[18]

Dit soort gedichten maakt Roemi al decennialang populair onder een breed publiek van New York tot Delhi. Daardoor krijgt hij vaak een soort spirituele halo over zich die hem voorstelt als een uitzonderlijke en unieke moslim. Maar al is Roemi zonder twijfel één van de grootste figuren uit de islamitische geschiedenis en al had zijn werk een sterke invloed op de islamitische cultuursfeer, hij is zeker niet de enige mysticus.

In de literatuur rond Roemi wordt meestal sterk gefocust op zijn ontmoeting met de onconventionele wijsgeer Shams. Die ontmoeting had een grote impact op het leven en werk van Roemi. Het zorgde voor een relatie vol mystieke liefde en een diepe spirituele zoektocht naar eenheid met het goddelijke. Maar Roemi's mystieke levensvisie viel niet plots uit de lucht toen hij in contact kwam met Shams. Roemi's vader, Baha al-Din Muhammed Balkhi, was al een gekend mysticus die geregeld spirituele visioenen had. Roemi kwam daardoor van jongs af aan in contact met een mystieke levensvisie. Niettemin was het vanzelfsprekend dat Roemi rond zijn 25[ste] levensjaar naar de toenmalige 'universiteiten' van Aleppo en Damascus werd gezonden om er een klassieke theologische en juridische scholing te volgen.[19]

Ook wanneer men Roemi's meest uitgebreide werk – 'De Masnavi' – doorneemt, valt op dat het hier niet om een verzameling van liefdesverzen gaat, maar wel om een diepgaand leerdicht. Het is zonder meer één van de belangrijkste mystieke werken, niet alleen van de islam maar van de religieuze geschiedenis in het algemeen, en toch is het ook een 'educatief' werk dat bol staat van de expliciete verwijzingen naar de Koran en dat een grondige kennis van de islamitische levenswijze veronderstelt.

We moeten ons daarom ook hoeden om, zoals wel eens gedaan wordt, Roemi voor te stellen als een vrijgevochten wijsgeer die zich van zijn islamitische geloof ontdaan had om tot een meer 'universele spiritualiteit' te komen. Zeker, hij toonde een grote openheid naar andere geloofsovertuigingen, hij gaf kritiek op de hypocrisie van de geleerden, hij schuwde geen enkele aanval op al te formalistische geloofsbelevingen en hij liet invloeden toe uit andere cultuursferen maar dat betekent niet dat hij de basisregels van zijn geloof zou ontkennen of zich buiten zijn gemeenschap plaatste. Integendeel. Hij onderhield niet alleen de vijf zuilen van de islam maar voegde er zelfs vaak extra gebedsmomenten en vastenperiodes aan toe.[20]

Zoals Franklin D. Lewis het omschrijft in zijn uitvoerige en magistrale werk rond het leven, de leer en de invloed van Roemi:

> Citaten uit hun context rukken en Roemi voorstellen als een profeet van een ontkerkelijkte en syncretische spiritualiteit, leidt ons nergens heen. (...) Roemi ontwikkelde zijn theologie van tolerantie en inclusieve spiritualiteit niet door zich af te keren van islam of georganiseerde religie, maar door er zich net volledig in onder te dompelen; zijn spirituele hunker kwam voort uit zijn radicale verlangen om het voorbeeld van de Profeet Mohammed te volgen en zijn potentieel als perfecte moslim tot uiting te brengen.[21]

Mensen als al-Ghazali en Roemi zijn op dat vlak zeker geen uitzonderingen. Het geldt voor veel prominente figuren uit de geschiedenis van de islamitische mystiek.[*] Maar in de gebruikelijke beschrijvingen van de soefi's heeft men nu al decennialang de neiging om zich blind te staren op bepaalde spiritueel-mystieke aspecten van de leer en het leven van sommige protagonisten. Andere elementen – zoals hun 'religievastheid' – te negeren.[22]

Zoals Annemarie Schimmel het omschrijft in haar standaardwerk over islamitische mystiek:

> 'De inktpotten breken en de boeken uiteenscheuren' werd door sommige mystici als de eerste stap van het soefisme gezien. De grote heilige 'Umar Suhrawardi, die in zijn jeugd scholastische theologie bestudeerde, werd gezegend door een heilige die zijn handen op zijn borst legde waardoor hij alles vergat wat hij had

---

[*] In het hoofdstuk *Voorbij de tegenstellingen*, aan het einde van dit boek, wordt specifieker ingegaan op de relatie tussen mystiek en sharia. Daar wordt grondiger uiteengezet hoe de overgrote meerderheid van de soefi's geen tegenstelling zag tussen 'religieuze regels' en 'spiritualiteit' maar hoe dat voor hen een kwestie was van de juiste balans.

geleerd "maar waardoor mijn borst gevuld werd met 'ilm ladunni." (Sura 18:65), de kennis die rechtreeks van bij God komt. 'Abdu'l-Qadir Gilani zorgde voor een mirakel toen hij plots de tekst wegwaste van een filosofieboek waarvan hij wist dat het gevaarlijk was voor zijn leerling; andere soefi's werden door dromen aangemaand om hun waardevolle boekcollecties in de rivier te werpen.

Heel wat dichters en mystici verwoordden later deze voorliefde voor onmiddellijke kennis en contrasteerden ze met legalistische geleerdheid wanneer ze de stichters van de wetsscholen wensten belachelijk te maken. (...)

In de ban van een aantal poëtische uitspraken van latere Perzische dichters, of onder de indruk van derwisjen, die zich allesbehalve strikt aan de islamitische wetten hielden, beschouwden westerlingen de soefi's vaak als vertegenwoordigers van een beweging die zich van de wettelijke voorschriften van de islam bevrijdde, en die niet langer om religie of ontrouw bekommerd was. In de ogen van vele Europeanen werd het woord 'soefi' een soort equivalent voor 'vrijdenker'.

Dat is echter niet juist. (...) Het rituele gebed, vasten en de bedevaart naar Mekka vormden, voor het merendeel van de vroege soefi's, een minimale religieuze verplichting. Zonder die religieuze praktijken vonden ze elke mogelijke mystieke training nutteloos en zinloos.[23]

Het 'universele' van datgene wat men 'het soefisme' noemt, zit zonder meer ingebed in het 'particuliere' van de islam. Zelfs al bezitten bepaalde ideeën een grensoverschrijdende diepte, dan nog komen zij steeds voort uit een specifieke traditie. Wanneer bepaalde islamitische concepten of cultuuruitingen een overstijgend karakter in zich dragen 'ontislamiseren' ze niet plotseling. Mystieke geloofsuitingen zijn immers een wezenlijk onderdeel van de hele islamitische wereld en mystieke bewegingen binnen de islam snijden hun eigen religieuze navelstreng niet door.

Om het te omschrijven met de woorden van Martin Lings en Titus Burckhardt, twee sterk gerespecteerde geleerden op het vlak van islamitische mystiek:

Diegenen die er op hameren dat het soefisme 'vrij is van de ketenen van religie' doen dat deels omdat ze veronderstellen dat de universaliteit van het soefisme op het spel staat. Maar hoe begripvol we ook mogen zijn tegenover hun bezorgdheid met dit onbetwijfelbare aspect van het soefisme, we mogen niet uit het oog verliezen dat haar particulariteit zonder meer verenigbaar is met haar universaliteit. Om deze waarheid in één klap te vatten, moeten we enkel een kijkje nemen naar religieuze kunst, die zowel onnavolgbaar particulier is als onnavolgbaar universeel. Om het voorbeeld te nemen dat het dichtst bij ons thema aansluit, islamitische kunst is onmiddellijk herkenbaar omwille van haar verschil met andere religieuze kunst. [Zoals Titus Burckhardt het zegt:] "Niemand zal de eenheid van islamitische kunst ontkennen, hetzij in tijd, hetzij in ruimte; dat is nu eenmaal te vanzelfsprekend: of iemand nu de moskee in Cordoba or de grote madrasah van Samarkand aanschoutw, of het nu om het mausoleum gaat van een heilige in de Maghreb of in Chinees Turkestan, het lijkt alsof één en hetzelfde licht uit elk van deze kunstwerken naar buiten straalt." Tegelijkertijd is de universaliteit van de grote monumenten van de islam van die aard dat we ons in het centrum van de wereld wanen wanneer we voor hen staan.

Indien men vraagt: kunnen we niet even goed naar de tempel van Hampi verwijzen of naar de kathedraal van Chartres in plaats van naar de Taj Mahal als kristalliseringen van het soefisme? Dan is het antwoord een 'ja' die overschaduwd wordt door een 'nee'. Zowel de hindoetempel als de christelijke kathedraal zijn allerhoogste manifestaties van Majesteit en Schoonheid en een zogezegde soefi die niet in staat zou zijn om dat te erkennen en er zich om te verblijden, zou de term niet waardig zijn aangezien hij er niet in zou slagen om de tekenen van God niet de juiste eer zou betuigen. Maar we moeten onthouden dat religieuze kunst er voor elk lid van de gemeenschap is waarin ze bloeit en dat ze niet enkel het einddoel maar ook het middel en het perspectief vertegenwoordigt – of, in andere woorden, een weg naar het einddoel opent. En noch de tempel, noch de kathedraal waren bestemd om de idealen van de islam te openbaren, zoals de grote mokeeën dat wel waren evenals, op een ander niveau, de grote soefi's.[24]

SOCIOLOGISCHE VOORBEELDEN

Ook puur sociologisch houdt het geen steek om 'het soefisme' af te doen als een fenomeen in de marge waar slechts weinig moslims zich mee inlaten.

Zonder zich op enige feiten te baseren, veronderstelt men meestal dat de 'gewone moslim' of de 'mainstream islam' zich per definitie niet bezighoudt met mystiek. Nochtans zijn vele miljoenen moslims aanhangers van soefi tariqa's. Dat blijkt duidelijk uit het wereldwijde onderzoek over eenheid en diversiteit onder moslims, dat in 2012 werd uitgevoerd door het Pew Research Center.[*] Het maakte bijvoorbeeld duidelijk dat 26 procent van de moslims in Bangladesh lid zijn van een broeder-

---

[*] Dit onderzoek is gebaseerd op meer dan 38.000 persoonlijke interviews die in tachtig talen werden afgenomen en in 39 landen. De enquête werd afgenomen in elk land dat een moslimgemeenschap heeft van meer dan 10 miljoen burgers, behalve die landen (zoals China, India, Iran, Saoedi Arabië en Syrië) waar politieke gevoeligheden of veiligheidskwesties opinieonderzoek onder de moslimgemeenschap bemoeilijkten. (Zie: Bell, *The World's Muslims: Unity and Diversity*, 2012)

of zusterschap. Dat alleen al gaat om zo'n 34 miljoen mensen. Nog enkele andere opvallende cijfers zijn 19 procent in Rusland, 18 procent in Tajikistan, 17 procent in Pakistan en 17 procent in Maleisië. De allerhoogste percentages van personen die lid zijn van een soefi tariqa vindt men echter in Sub-sahara Afrika (vb: 47 procent in Niger, 48 procent in Kameroen en 55 procent in Chaad). De absolute koploper is Senegal waar de verschillende broederschappen de 'gevestigde' religieuze structuren zijn. 92 procent van de moslims zegt er tot een bepaalde orde te behoren.

Het idee dat de islamitische mystiek een gemarginaliseerd fenomeen is, wordt daarenboven nog veel moeilijker vol te houden wanneer we ons niet beperken tot de aanhangers van tariqa's. De typische definities van 'het soefisme' in de media, academica en toeristenbrochures beperken het concept immers niet tot 'lidmaatschap van een soefiorde'. Soms verwijst men wel naar de ordes als een structuur waarin soefi's zich al eens verenigen maar als breder begrip wordt 'het soefisme' vooral gebruikt om naar islamitische mystiek in het algemeen te verwijzen. Ook de kunst, de rituelen en het gedachtegoed die er mee gepaard gaan worden dus over het algemeen tot 'het soefisme' gerekend.

In overeenstemming met de gebruikelijke invulling van de term, kunnen we 'aanhangers van het soefisme' dan ook uitbreiden tot alle moslims die een vorm van islam aanhangen die door de leringen van sommige soefi's beïnvloed is. Maar wanneer we dat doen, dan stelt een regio als Centraal-Azië ons voor enkele conceptuele problemen. Want al wordt 'het soefisme' er geenszins hoog in het vaandel gedragen (en bekent slechts een zeer klein percentage er zichzelf tot een soefitariqa[25]), toch werd de islam er oorspronkelijk verspreid door soefi's. Eén van de belangrijkste onder hen was de twaalfde-eeuwse rondtrekkende mystieke wijsgeer Ahmad Yasawi. Yasawi's poëzie beïnvloedde de Turkse talen en zijn leer werkt nog steeds door in de levens- en Godsbeschouwingen van de Centraal Aziatische moslims. Zoals Abdulwahid Van Bommel in zijn boek over Yasawi beschrijft:

> Mensen die zijn graf bezoeken zeggen: "Bij ons vragen ze: 'van wie ben jij een nakomeling?' Dan zeggen wij: 'Wij zijn nakomelingen van onze grootvader Ahmed Yasawi.'" Onder de Turks sprekende volkeren van Centraal-Azië is dat een bekend vraag- en antwoordspel.[26]

Zoals dat wel vaker gaat bij zo'n 'grondlegger' ontstond omheen de figuur van Ahmad Yasawi een hele resem symbolische verhalen waardoor de geschiedkundige feiten soms moeilijk van de mythologie te onderscheiden zijn. Maar dat is hier niet van belang. Van belang is vooral dat het door moslims uit Centraal-Azië als vanzelfsprekend wordt beschouwd dat de islam er geïntroduceerd werd door rondtrekkende predikers met een mystieke inslag.

Dat is hoegenaamd geen afzonderlijk historisch gegeven. We kunnen immers evenzeer verwijzen naar de soefi Amir Khusrow die volgens de volkse overleveringen beschouwd wordt als de grondlegger van sommige klassieke Pakistaanse en Indische muziekstijlen. Men vertelt dat hij via die muziek de boodschap van de islam dichter bij de mensen wou brengen. Zijn muziekstukken worden nog dagelijks uitgevoerd van Islamabad tot Delhi en zijn spirituele verzen worden gezongen op trouwfeesten en in heiligdommen.[27] Of we kunnen verwijzen naar Indonesië, waar de islam geïntroduceerd werd door de Wali Songo, een soort raad van negen soefi wijzen die in wisselende constellaties rond de 15de eeuw voor de missionering zorgde in deze eilandengroep.[28]

Een gelijkaardige culturele doordeseming van de mystieke islam, die oorspronkelijk door rondtrekkende soefi's werd geïntroduceerd, treft men dus aan in verschillende regio's van

Sub-sahara Afrika tot Zuidoost-Azië.[29] Maar Centraal-Azië en Ahmad Yasawi zijn op dat vlak extra interessant omdat men er volgens hetzelfde Pew onderzoek een eigenaardig antwoord krijgt op de vraag: "Zijn soefi's moslims?" Slechts 18 procent antwoordt er "ja". Dat is natuurlijk bizar in een regio waar de islam door een soefi geïntroduceerd werd en waar het leven en de leer van die figuur nog steeds een enorme waarde worden toegekend. De onderzoekers voegen er echter meteen een nuance toe in hun rapport:

> Het lage percentage dat soefi's als moslims aanvaardt kan verbonden zijn met een gebrek aan kennis over deze mystieke tak van de islam: de meerderheid van de ondervraagden in Centraal-Azië zeiden dat ze nog nooit over soefi's gehoord hadden en dat ze bijgevolg geen mening hadden over de kwestie of soefi's al dan niet moslims waren.[30]

Is men de eigen soefiwortels dan volledig vergeten? Is er sprake van een soort culturele amnesie die veroorzaakt werd door het antireligieuze communisme van de vorige decennia? Hoewel zoiets zeker een gedeeltelijke verklaring kan bieden, is dat niet voldoende.

Voor een diepgaandere verklaring moeten we echter een heel andere richting uitkijken. We doen er zelfs goed aan om het lage percentage volledig te negeren. Het echte probleem schuilt immers niet in het antwoord van de Centraal Aziatische moslims. Het echte probleem schuilt wel in de premisse van de onderzoekers. De vraag 'Zijn soefi's moslims?' vertrekt nu eenmaal vanuit een foutieve vooronderstelling die er voor kan zorgen dat antwoorden op de vraag per definitie een vertekend beeld laten zien.

Mystiek als norm in de islam

Tot enkele decennia geleden was 'soefisme' geen begrip waarmee een moslim zijn 'strekking' categoriseerde. Je wist als moslim wel wie je leermeester was of welke mystieke figuur jou inspireerde, maar je noemde jezelf daarom geen 'soefi'. Het woord 'soefi' was een woord dat voorbehouden bleef voor de grote poëten en de figuren die een hoog spiritueel niveau hadden bereikt. Ook die spirituele grootheden omschreven zichzelf dus niet als 'soefi's'. Dat zou immers van ongepaste arrogantie getuigen. Ze noemden zichzelf heel eenvoudig 'moslim' of 'gelovige'.[31]

Het hoeft dan ook niet te verwonderen dat heel wat moslims zichzelf geen soefi noemen hoewel hun visie op de islam sterk beïnvloed is door de ideeën van de mystici. Zoals de Pakistaanse psychologe en islamgeleerde Dr. D. Latifa me ooit heel gevat zei:

> Ik hoorde voor het eerst over 'soefisme' toen ik al veertig jaar oud was. We spraken over de soefiya uit eerbetoon, maar het was geen onderdeel van onze identiteit. Het is voor mij dan ook helemaal niet logisch om mezelf voor te stellen door te zeggen: 'Hallo, ik ben Dr. D. Latifa, ik ben soefi.' (...) Wat nu soefisme wordt genoemd, was gewoonweg de normatieve vorm van de islam, het was de standaardislam. De norm en de standaard worden als vanzelfsprekend beschouwd. Je moet het niet labelen.[32]

Dat laatste lijkt in Centraal-Azië nog steeds het geval te zijn. Volgens het Pew onderzoek omschrijft vijftig procent van de moslims er zichzelf niet eens als soenniet of sjiiet. Ze plaatsen zichzelf enkel in de categorie 'moslim'. In Zuidoost-Europa doet 56 procent hetzelfde.

Volgens professor Jonathan Brown is ook in een land als Egypte de mystieke geloofsbeleving de standaard die niet altijd een apart label krijgt:

> Soefisme moet begrepen worden als de 'basismodus' van het islamitische religieuze leven in Egypte. (...) Er bestaan geen exacte cijfers, deels omdat velen die actief deelnemen aan soefi-activiteiten zichzelf niet als actieve soefi's omschrijven. Op een gelijkaardige manier betekent de alomtegenwoordigheid van soefisme in het Egyptische religieuze leven dat het bijzonder moeilijk is om te vermijden dat je niet deelneemt aan één of ander aspect van het soefisme.[33]

Zoals het woord 'soefi' doorheen de eeuwen hoofdzakelijk gebruikt werd, verwees het nu eenmaal niet naar een aparte categorie van moslims. Het verwees wel naar bijzondere figuren zoals Hafez, Roemi, Lal Ded, Ahmad Yasawi, Amir Khusrao, Ibn Arabi, Suhrawardi, Rabia, Junaid, Bulleh Shah, Sha'wana, Saadi, Sarmad, Bayazid Bestami, al-Halladj, Fedha, Lal Shahbaz Qalandar, Mouinoudin Chisthi, Abdul-Qadir Gilani enz. De lijst van grootse spirituele figuren is eindeloos en in de ogen van de vele moslims die zij doorheen de geschiedenis beïnvloedden, verkondigden zij geen 'soefisme'. Zij predikten heel eenvoudig 'islam'.[*]

---

[*] Een kleine nuance kan hier op zijn plaats zijn. Reeds in de eerste eeuwen van de islam werd het woord 'soefi' al eens gebruikt om enkele individuen aan te duiden die aan de wereld hadden verzaakt, grote devotie toonden en spirituele inzichten verspreidden. De term werd echter steeds couranter in het midden van de 9de eeuw. Om één of andere reden (die vandaag moeilijk te traceren is) werd het woord toen gebruikt om een specifieke groep van ascetische en spirituele figuren uit de regio van Bagdad aan te duiden. Zeker in het meervoud 'soefiyya' verwees het naar de aanhangers van deze nieuwe 'geloofsbeweging' die er bepaalde spirituele praktijken en mystieke ideeën op na hield. (Hoewel ook deze beweging geen 'geformaliseerd' karakter had.) De term werd niet veel later opnieuw losgekoppeld van deze specifieke beweging en werd bijgevolg ook gebruikt om over andere spirituele zwervers en leraren te spreken. Het woord nam zo een veel bredere betekenis aan met als gevolg dat het doorheen de islamitische wereld

Wanneer academici zich op 'het soefisme' richten, dan focussen ze in hoofdzaak op de spirituele wijsheden en de mystieke verzen van die soefi's. Ze analyseren m.a.w. de leer en het leven van verschillende sjeiks, poëten en heiligen. Ook in de meer commerciële literatuur rond spiritualiteit voor een breed publiek kreeg dat steeds meer aandacht. Daarvan getuigen bestsellers als *The Illuminated Rumi* van Coleman Barks die vlotte hedendaagse vertalingen van Roemi's gedichten met new age illustraties combineert. Zowel de academische als de commerciële literatuur doen het echter uitschijnen alsof het om iets exclusiefs gaat. Men wekt het idee dat we een soort unieke herontdekking meemaken van een oude, gesloten en verloren gegane wijsheid uit de islam.

Men staat er blijkbaar zelden bij stil dat boeken over 'het soefisme' in de boekenrekken van de meeste boekenhandels veruit het grootste aandeel vormt van het aanbod rond islam. Zo werden bijvoorbeeld meer dan 750.000 exemplaren verkocht van Elif Shafak's roman 'Veertig Regels van Liefde', waarin Roemi's levensverhaal overgoten wordt met een hedendaags sausje van een persoonlijke zoektocht naar zingeving.[34] Dat geldt evenzeer voor non-fictie, zo blijkt uit de rubriek 'islam' Op Amazon.com. Die rubriek wordt onderverdeeld in subcategorieën zoals 'History', 'Law', 'Quran', 'Sufism', 'Theology', enz. Met 2237 boeken bleek de categorie 'Sufism' in juni 2015 de grootste (op de voet gevolgd door de categorie 'Quran').[35] In diezelfde maand nam ik ook een kijkje in een vijftal Vlaamse boekhandels. Deze summiere steekproef leverde gelijkaardige resultaten op. In de sectie 'islam' waren telkens 5 à 7 verschillende boeken aanwezig: een tweetal Koranvertalingen, eentje over de geschiedenis van de

---

eeuwenlang vooral verwees naar diegenen hun innerlijk hadden uitgezuiverd en die in grotere eenheid met het goddelijke leefden. (Zie: Karamustafa, *Sufism: The Formative Period*, 2007.)

islam, één of twee over Islam in het algemeen en twee over soefisme. Boeken over, pakweg, fikh (d.w.z. islamitische jurisprudentie), kalam (islamitische theologie) of het gedachtegoed van het moetazilisme (een oude rationalistische stroming uit de islam) zijn er helemaal niet te vinden.

Er is dus weinig 'hermetisch' of 'onontdekt' aan de islamitische mystiek. Integendeel. Ook voor Westerlingen is het niet alleen toegankelijk, maar zelfs toegankelijker dan eender welke andere dimensie van de islam.[*]

Kortom: noch in het Oosten noch in het Westen zijn de inzichten van de soefi's iets 'exclusief'. Behoorlijk wat Europeanen lezen er geregeld boeken over en de verzen van de grote spirituele poëten liggen al eeuwenlang op de tong van elke Pakistaan, Pers of Turk. De refreinen van Bulleh Shah werden idiomen van het Punjabi,[36] Iraniërs kennen de gedichten van Saadi uit het hoofd[37] en de woorden van Yunus Emre worden nog steeds op Turkse scholen gedoceerd.[38]

---

[*] Bij mijn bezoek aan boekenwinkels konden nog een drietal vaststellingen gemaakt worden die zeer interessant zijn wanneer men bedenkt dat discussies over islam dagelijks het huidige maatschappelijke debat bepalen: (1.) Het gaat om een zeer klein aantal boeken over islam. Dat is niet omdat de sectie 'religie' op zich zeer klein is, maar wel omdat het leeuwendeel van de boeken binnen die sectie life-style, meditatie, esoterie en new age behandelen. Ter vergelijking: over het boeddhisme waren over het algemeen een twintigtal boeken aanwezig. (2.) Omwille van de actualiteit in het voorjaar van 2015 waren wel een tiental boeken aanwezig die handelden over de conflicten in Syrië en Irak en die analyses leverden over Daesh. Bepaalde aspecten van de islam (zoals 'het kalifaat' of 'jihad') komen in die boeken logischerwijs ook aan bod. Deze boeken bevonden zich echter telkens in de categorie 'mens & maatschappij' of 'politieke actualiteit'. M.a.w. hoewel 'de islam' steeds als één van de grote factoren wordt aangeduid in de conflicten van het Midden-Oosten, schrijft men ze spontaan toch toe aan geopolitiek en blijkt het Vlaamse lezerspubliek niet op zoek naar boeken die uit de doeken doen wat de bredere traditie van de islam precies inhoudt. (3.) Van de weinige boeken die wel handelen over de islam als religie, is slechts een heel klein gedeelte van de auteurs ook moslim. Het merendeel van de boeken bleek van de hand van theologen, historici en sociologen zonder islamitische achtergrond.

Op een gelijkaardige wijze kan men rituele en devotionele uitingen van islamitische mystiek doorheen de hele islamitische wereld op het spoor komen.

UITINGEN VAN ISLAMITISCHE MYSTIEK

Eén van de typische uitingen van de mystieke islam is het bezoeken van mausolea. Want net omdat het gedachtegoed van de soefi's zo'n belangrijke plaats inneemt in het leven van de meeste moslims, worden hun heiligdommen vaak heel druk bezocht. Men betuigt er eer aan de heilige, men bidt er om voorspraak, men verzinkt er in contemplatie en men hoopt er door de geest van de soefi te worden geraakt.

De gebruikelijke omschrijvingen van het soefisme verwijzen ook geregeld naar dit soort praktijken. In het citaat uit de reeks van *De Standaard* dat bij aanvang van dit hoofdstuk geciteerd werd, kon men bijvoorbeeld lezen: "Het feit dat in de soefi-traditie ook heiligenverering voorkomt, maakt de beweging voor vele traditionele moslims verdacht."[39]

Opnieuw zien we de modernistische beeldvorming rond religie aan het werk. Het is natuurlijk onmiskenbaar zo dat er vandaag specifieke moslimgroeperingen zijn die de heiligenverering in mausolea afkeuren – en deze groepen zullen in het volgende hoofdstuk diepgaander besproken worden – maar waarom zij de 'traditionele moslims' zouden zijn, is een raadsel. Zoals het reeds vermelde Pew onderzoek beschrijft:

> In de meeste van de 23 landen waar vragen gesteld werden, steunde **de meerderheid** het bezoek aan mausolea van moslimheiligen als een legitieme vorm van aanbidding.[40]

Hetzelfde geldt voor andere praktijken die standaard aan het soefisme gelinkt worden zoals spirituele muziek, religieuze poëzie, extatische dans of contemplatieve dhikr.[*] In de regio die over het algemeen als het 'meest' traditioneel bekeken wordt – d.w.z. Noord-Afrika en het Midden-Oosten – zegt bijvoorbeeld 72 procent dat religieuze poëzie tot de islam behoort. Zelfs in een land als Afghanistan gaat 88 procent daarmee akkoord.

In het geval van extatische dans ligt het soms wat moeilijker. In een land als Turkije, bijvoorbeeld, is het beeld van de draaiende derwisjen zo alomtegenwoordig dat de grote meerderheid van de Turkse moslims het zonder meer als een element van de islamitische traditie aanvaardt. In andere landen is dat minder het geval. Maar zelfs al zien we een weerstand tegenover dergelijke praktijken, dan nog blijkt dat dikwijls vooral een theoretische kwestie. Zo zegt 75 procent van de ondervraagden in Pakistan dat devotioneel dansen niet aanvaardbaar is binnen de islam hoewel er weinig landen zijn waar je nog zo vlot allerhande oude rituele bijeenkomsten kan meemaken waarin extatische dans een centraal onderdeel vormt.[41] Een prachtig voorbeeld daarvan tref je aan in het schrijn van Baba Shah Jamal, waar Pappu, Gonga & Mithu Saeen elke donderdagavond urenlang complexe ritmes laten weerklinken op hun dhol.[†] Grote menigten verzamelen er in verschillende vertrekken van het heiligdom om op te gaan in de ritmiek van de drums die zich diep in hun hoofden en harten boren. Voor sommigen biedt dat

---

[*] Dhikr is een islamitische rituele handeling en gebedsmethode. Het gaat meestal om het reciteren van de Namen van God en/of formuleringen uit de hadith of de Koran. Deze dhikr kan zowel luidop als in stilte uitgevoerd worden, zowel in groep als individueel, zowel uitbundig als ingetogen. Het woord 'dhikr' kan letterlijk vertaald worden als 'herinnering' en is een verkorte vorm van 'dhikr ullah'. Deze praktijk wordt dan ook gezien als een manier om God te herinneren, of, anders gezegd, zich constant van Hem bewust te zijn.

[†] Een dhol is een grote tonvormige drum. Dit instrument heeft een prominente plaats in volksmuziek van de Punjab en in hedendaagse bhangra.

de mogelijkheid om wild met het hoofd te schudden, hevig rond hun as wentelen en zichzelf in trance te dansen.[42]

Toen ik op zekere dag met Gonga en Mithu in gesprek was, vroeg ik hen waarom dit alles precies in het heiligdom van Baba Shah Jamal plaats heeft. Mithu's antwoord luidde:

> Shah Jamal was een groot heilige die graag danste op het ritme van de drums. Zo zuiverde hij zijn geest. Dus als eerbetoon aan hem wordt de traditie van het drummen voortgezet. (...) De mensen die spelen ervaren hetzelfde als de mensen die dansen in het heiligdom. Het is een speciale geestestoestand die ons tot een andere vorm van verering brengt, een soort gebed waarin we vragen om ons te behoeden voor zonden, om ons weg te houden van het boze oog en ons te helpen een goed godsdienstig leven te leiden. Daarom zien we het als onze spirituele plicht om in het heiligdom op te treden.[43]

Opnieuw kunnen gelijkaardige voorbeelden gegeven worden uit de hele islamitische wereld. Van gnawa-muziek in Marokko[44] over zar-rituelen in Egypte[45] tot dhikr-sessies in Tsjetsjenië,[46] overal tref je het aan. Dit soort intense trancerituelen kan men zowel in kleine intieme kringen aantreffen als op pelgrimstochten die honderdduizenden moslims op de been brengen.

*

Het mag dus duidelijk zijn dat de islam tot in zijn diepste kern doordrongen is van allerhande spirituele praktijken en mystieke overtuigingen. Of men het onderwerp nu vanuit een historisch, sociologisch, antropologisch, theologisch of ritueel perspectief benadert, datgene wat de media, de toeristenbrochures en de newagesector steeds opnieuw afdoen als 'uitzonderlijke mystieke uitingen in de marge van de islam' is eigenlijk de 'standaardislambeleving' in grote delen van de islamitische wereld. Het is te vinden in de theologie van de geleerden en te ervaren in de rituelen van de volkse islam. Het is te zien in de kunst en te horen in de taal. Het valt op in de devotie in de heiligdommen en het is te voelen aan de traditionele spiritualiteit bij de mensen thuis.

3.

HET VERSCHUIVEN VAN DE NORM

DE INVLOED VAN SALAFISME EN PETRO-ISLAM

Ondanks de centrale plaats van islamitische mystiek, valt jammer genoeg niet te ontkennen dat de mystieke geloofsbeleving in al zijn vormen en varianten vroeger prominenter aanwezig was dan nu. In sommige islamitische milieus bestaat vandaag een sterke weerstand tegen dergelijke vormen van traditionele rituelen en spiritualiteit. Daarenboven doen de typische omschrijvingen van de islam het uitschijnen alsof deze trend altijd heeft bestaan. Wanneer we echter onderzoeken hoe de afkeer van het soefisme in de islamitische wereld ontstond, dan wordt duidelijk dat het in wezen om een modern fenomeen gaat. De stelselmatige 'verkettering' van 'het soefisme' hangt immers nauw samen met de ideologische omwentelingen van de laatste anderhalve eeuw, en, meer bepaald, met de opkomst van het salafisme en de petro-islam.

Het salafisme is de laatste jaren sterk aanwezig in de publieke debatten en de mediatieke beeldvorming rond islam. Niettemin zal het niet voor elke lezer duidelijk zijn wat het salafisme precies inhoudt en wat het verband is met datgene wat sommigen als 'petro-islam' omschrijven. Aangezien deze concepten echter cruciaal zijn voor een goed begrip van de hedendaagse plaatsbepaling van mystiek in de islamitische wereld, worden ze in de volgende kadertekst wat uitvoeriger toegelicht. Lezers die reeds vertrouwd zijn met deze begrippen kunnen deze uitweiding overslaan. Anderen worden uitgenodigd deze wel door te nemen want al kan deze excursie in eerste instantie misschien wat lijken weg te leiden van het onderwerp, uiteindelijk zal duidelijk worden waarom ze noodzakelijk is.[*]

Wat is het salafisme?

Het salafisme wordt steevast voorgesteld als een radicale strekking die moslims oproept om zich zo strikt mogelijk aan de islamitische leefregels, te conformeren. Daarenboven, zo krijgen we geregeld te horen, willen salafi's hun strenge voorschriften ook aan niet-moslims opleggen en de hele maatschappij aan een dwingelandij van oude islamitische wetten onderwerpen.[47] De Westerse media koppelen het salafisme daarenboven bijzonder vaak aan terrorisme. Telkens opnieuw wordt het beeld opgeroepen van salafi's als gevaarlijke en dogmatische jihadi's die de democratie en de seculiere samenleving agressief te lijf gaan.[48]

Maar opnieuw vraagt dit algemene beeld om nuance. Wat men gewoonlijk aanduidt als 'het salafisme' valt immers uiteen

---

[*] Het boek *Fast Food Fatwa's: Over islam, moderniteit en geweld* gaat uitgebreider in op de oorsprong, het karakter en de hedendaagse relevantie van het salafisme. De korte uitweiding op de volgende pagina's is bijgevolg gebaseerd op enkele passage uit dat boek. De lezer die uitgebreider op dit onderwerp wil ingaan, doet er dus goed aan *Fast Food Fatwa's* door te nemen.

in verschillende strekkingen en subgroepen. Slechts een minderheid daarvan roept op tot gewapende strijd. Het is zeker zo dat de salafistische stromingen binnen de islam een regelgerichte beleving van de islam prediken, maar het is niet zo dat het salafisme diezelfde regels per definitie ook met geweld aan anderen wil opleggen. Het grootste deel van de salafi's hangt immers een vorm van salafisme aan die expliciet pacifistisch is. Daarbinnen is zelfs een behoorlijk grote groep eerder 'apolitiek'. Heel wat salafi's wensen zich dus *niet* met (geo)politiek te moeien en pleiten expliciet voor een *geweldloze* omwenteling van de maatschappij. Dergelijke salafi's willen immers verandering brengen door bekering en die bekering proberen ze niet met wapens te bewerkstelligen, maar hopen ze te bereiken door anderen te inspireren met hun voorbeeld van een strikte beleving van de islam.[49] Een groot deel van de salafi's kant zich daarom heel expliciet *tegen* islamitisch terrorisme – net omwille van hun religieuze overtuigingen.[50]

Ook is het zo dat de verschillende salafigroeperingen structureel niet altijd nauw met elkaar verbonden zijn. Wanneer men er al te vaak in algemene termen over spreekt, kan het zo overkomen maar het salafisme is geen specifieke leer van een duidelijke afgelijnde groepering. Het is veeleer een soort ideeëngoed dat zich ondertussen op een brede wijze doorheen de wereldwijde islamitische gemeenschap verspreid heeft.

Wat de verschillende salafigroeperingen met elkaar verbindt, is dus noch hun graad van agressiviteit noch hun specifieke structuur. Wat het salafisme dan wel tot salafisme maakt is een sterk doorgedreven en utopische poging om 'naar de bron terug te keren'. De term 'salafi' maakt dat op zich reeds duidelijk. Letterlijk vertaald betekent 'salaf' (of 'salafiyya' in het meervoud) immers 'voorouder(s)' of 'de voorganger(s)'. De term verwijst daarmee naar de metgezellen van de profeet en de eerste (drie) generatie(s) moslims.[51] Hedendaagse salafi's zijn dan diegenen die zich expliciet willen conformeren aan het gedrag van de oorspronkelijke salaf. Wat salafi's met elkaar verbindt, is met andere woorden de wens om zich zo strikt mogelijk aan (hun interpretatie van) het voorbeeld van de profeet en zijn metgezellen te houden door hen zo goed mogelijk te imiteren.[52] De vroege islamitische gemeenschap wordt door salafi's immers gezien als de ideale islamitische gemeenschap. In hun ogen bezaten de eerste moslims een buitengewone kracht en slaagden ze er daardoor in de islam over grote gebieden van de wereld te verspreiden. Alles wat na die eerste generaties ontstond, zien ze als degeneraties van deze oorspronkelijke en glorierijke islam.[53]

Terug naar de bron

Sociologisch gesproken, zijn reactionaire 'terug-naar-de-bron' bewegingen helemaal niet zo uitzonderlijk. Je ziet ze doorheen de geschiedenis in allerhande tradities.

Terugkeren naar de bron is een essentieel onderdeel van het spirituele leven van elke zoekende mens. Het is een soort basale 'religieuze reflex' om zich steeds weer te laven aan de bronnen van de traditie. Over de hele wereld laten de aanhangers van de verschillende religies zich daarom telkens opnieuw weer inspireren door eeuwenoude teksten en vertellen ze steeds weer dezelfde verhalen. Door die teksten en verhalen blijvend te herhalen gaan op zoek naar nieuwe betekenissen. Ze laten zich inspireren door oude profeten en wijzen om bepaalde hedendaagse situaties in een ander daglicht te zien.

'Zich laven aan de bronnen van de traditie' is bovendien één van de belangrijkste functies van allerhande religieuze rituelen. Van de eucharistie die het laatste avondmaal van Christus weer oproept over het reciteren van de volledige Koran tijdens de Ramadanmaand tot het familiale evoceren van de doortocht door de woestijn tijdens de Joodse Pesach Seder, de voorbeelden van geritualiseerd terugkeren naar de oorsprong zijn eindeloos.

Terug-naar-de-bron-ideeën hebben dus altijd bestaan en net omdat ze zo vaak voorkomen, kunnen herbronningspogingen soms ook wat 'uit de hand lopen'. Sommige groeperingen gingen of gaan immers behoorlijk ver in hun zoektocht naar een geïdealiseerde oorsprong. Het 'herbronnen' wordt dan plots niet meer iets dat goed is om af en toe te doen. Het wordt in hun ogen het enige juiste dat men permanent moet doen.

Wanneer de herbronning zo'n radicale kant uit gaat, gebeurt dat echter nooit in een vacuüm. Het gaat steeds gepaard met specifieke sociale, politieke en maatschappelijke factoren die een dergelijk doorgedreven terugkeer naar de bron net op de spits drijven.

Het salafisme is daarvan een voorbeeld in de islamitische wereld. Want uiteraard hebben alle moslims een groot respect voor de eerste generaties en natuurlijk proberen alle moslims op één of andere manier 'het voorbeeld van de profeet' te volgen (ook in mystieke broederschappen en de leer van de soefi's is dat een bijzonder centraal element) maar wat de focus van salafi's op dat vlak bijzonder maakt, is de vaak drammerige wijze waarop zij een heel aantal gebruiken, instellingen en praktijken die doorheen de traditie ontstonden als 'corrupties van de islam' beschouwen. Daarmee reageren ze echter vooral op specifieke realiteiten uit hun eigen tijd en context. Omwille van verschillende maatschappelijke spanningen om zich heen, wilden en willen salafi's niet enkel de bron terug in herinnering brengen om een spirituele en/of maatschappelijke balans te herstellen. Zij trachten bovenal de huidige islam totaal 'uit te zuiveren' van wat in hun ogen elementen zijn die niet tot de leefwereld van de eerste moslims behoorden. Bepaalde aspecten van de islamitische wereld, die voor de meerderheid van de moslims een gevestigd of integraal onderdeel zijn van de islamitische traditie gaan zij daardoor als oorzaken zien van de 'degeneratie' van de islamitische wereld. Ze noemen het bid'ah, of 'onjuiste vernieuwingen'.[54] Het bezoeken van heiligengraven, het spelen van muziek en extatische dansen zijn op dat vlak typische voorbeelden.

Al zorgt dat natuurlijk voor een behoorlijke paradox. Want wat salafi's vaak over het hoofd zien, is het feit dat zij zelf in sommige opzichten ook een bid'ah – een vernieuwing – zijn in de islam. En zelfs een uiterst moderne.

De paradox van het salafisme

Wanneer we de ontstaansperiode van de meest bekende salafistische groeperingen nagaan (of toch de groeperingen die gezien de rekbaarheid van het begrip 'salafisme' vaak als zodanig worden aangeduid), wordt al snel duidelijk dat geen enkele daarvan teruggaat op eeuwenoude groeperingen binnen de islam. Ze zagen allen het levenslicht in de loop van de laatste anderhalve eeuw. De deobandi: 1867. De ahl al-hadith: 1920. De tablighi jamaat: 1927. De Moslimbroeders: 1928. De jamaat-e-islami: 1941. De Hizb-ut-Tahrir: 1953. De Madkhali: in de loop van de jaren negentig.[55]

Hetzelfde geldt voor de boeken die als de belangrijkste ideologische werken gelden binnen het salafisme. De vele boeken van Abul A'la Maududi, bijvoorbeeld, werden geschreven tussen 1927 en 1978.[56] En Sayyid Qutb's uiterst belangrijke *Ma'alim fi al-Tariq* (*Mijlpalen*) werd voor het eerst gepubliceerd in 1964.[57]

Zoals de data dus zonder meer duidelijk maken, staken deze salafistische groeperingen en bewegingen vooral de kop op binnen een koloniale context – of de uitlopers ervan.

In een koloniale context, had de grote meerderheid van de burgers in de kolonies nu eenmaal weinig tot geen toegang tot machtsstructuren en bezaten ze niet veel financiële of militaire middelen om verandering te bewerkstelligen. Religieuze sentimenten en spirituele gedrevenheid bleken dikwijls de enige houvast. Ze waren het laatste wat bepaalde gemeenschappen nog restte om verbondenheid te creëren. Ze gaven energie en hoop. Ze waren katalyserende krachten in de poging om de onderdrukking door Westerse grootmachten van zich af te werpen.

De onderliggende gedachtegang van deze religieuze sentimenten en spirituele gedrevenheid was vrij eenvoudig. Men vertrok vanuit de evidente vraag: "Wat is er in godsnaam gebeurd met de islamitische wereld? Ooit waren we de thuisbasis van grote culturen en leidende beschavingen. Maar bekijk ons nu. We worden onderdrukt en verarmd door buitenlandse machten." Voor sommigen leek het antwoord op die vraag eveneens evident: "We lieten onze islam degenereren. Dus enkel wanneer we het oorspronkelijke charisma van de islam opnieuw kunnen opwekken en enkel wanneer we de corrumperingen ongedaan maken, kunnen we erin slagen om de glorie van weleer te herstellen."

Van Libië tot India stak zo'n herbronningsgedachte de kop op en werd religie een sterke mobiliserende factor. De existentieel-spirituele reflex van zoeken naar de oorsprong veruitwendigde zich in allerhande sociale, spirituele en politieke bewegingen die zich gingen verzetten tegen imperialisme en kolonialisme vanuit een sterke islamitische bewogenheid.[58]

Het 'terug naar de Salaf' was dus niet de leer van één specifieke groepering maar wel 'een idee dat sterk leefde'. Het kende een brede waaier aan uitdrukkingen en beperkte zich helemaal niet tot groeperingen die we vandaag als salafi's aanduiden. Je trof het bijvoorbeeld ook aan in bijzonder rationele herinterpretaties van de Koran waarmee men de islamitische wereld net wilde moderniseren. Dat we het salafisme vandaag louter associëren met reactionair gedachtegoed dat elke moderne invloed verkettert en dat zich volledig wenst terug te trekken in een ideële leefwereld, heeft veel te maken met het 'Saoedische toeval'.

Wahabisme en het Saoedische toeval

Het wahabisme, een extreem puriteinse en vandaag uiterst belangrijke vorm van salafisme, ontstond vanuit de leer van Muhammad ibn Abd al-Wahhab die in het midden van de 18de eeuw opriep om de islam te zuiveren van corrupties en bid'ah. Hoewel hij in eerste instantie niet veel gehoor kreeg, slaagde hij er uiteindelijk in een pact te sluiten met de stam van Muhammad bin Saoed. Het pact dat beide heren in 1744 sloten vormt de aanzet voor het eerste Saoedische emiraat. Dat werd echter hardhandig en zonder enig medeleven de kop ingedrukt door Ottomaanse bevelhebbers die al even weinig opgezet waren met de theologie van al-Wahhab als met de expansiedrang van bin Saoed. Ook met een tweede poging om een Saoedisch emiraat op te richten en uit te breiden werd eveneens korte metten gemaakt door de gouverneur van

Ottomaans Egypte.[59]

In de eerste decennia van de twintigste eeuw was de desintegratie van het Ottomaanse rijk echter ingezet en de nieuwe leider van de Saoedi's, Abdul Aziz Ibn Saoed, bleek een sterke diplomaat. Telkens opnieuw wist hij de juiste pacten te sluiten met verschillende groeperingen, stammen en buitenlandse machten. Met de hulp van de Britse koloniale machten kon hij zo een groter grondgebied veroveren. In 1932 slaagde hij er uiteindelijk in het huidige Koninkrijk van Saoedi-Arabië te stichten.[60] Meer nog, hij wist zich te handhaven tussen de vele koloniale machten die op dat moment veruit het grootste deel van de islamitische wereld in hun greep hielden.[61]

Dat alles zou van uitermate groot belang blijken voor de uiteindelijke groei van het hedendaagse salafisme. Want in de vele omwentelingen van het (post)koloniale tijdperk hadden de verschillende vormen van salafisme typische terug-naar-de-bron bewegingen kunnen blijven. Wat het salafisme uiteindelijk toch uniek maakt, is het feit dat één specifieke vorm – het wahabisme – tegen de tijd van de dekolonisatie toevallig was uitgegroeid tot de dominante ideologie in het Arabisch schiereiland. Al even toevallig wist deze variant stevige relaties aan te knopen met verschillende, maar toch verwante, groeperingen die elkaar vonden in hun poging om seculariserende moderne Westerse invloeden te weren. Maar het belangrijkste toeval bestond erin dat het wahabisme op een wel heel grote voorraad van een specifieke grondstof bleek te zitten die in de komende jaren uitermate lucratief zou blijken: olie.

We kunnen er nu eenmaal maar moeilijk om heen dat Saoedi-Arabië al vele decennia tot de top drie van de olieproducenten behoort en de tweede grootste bewezen oliereserves bezit.[62] Het salafisme dat men nu reeds decennialang vanuit de Golf naar alle uithoeken van de islamitische wereld exporteert, wordt dan ook vaak aangeduid als 'petro-islam'.

Petro-islam

Dat het uiteindelijk de olie was die toeliet om het wahabisme verder te verspreiden, is niet louter een gemakzuchtige boutade van diegenen die wat kritisch staan tegenover het beleid van de Saoedi-Arabië. Het belang van olie in dit alles werd door de Saoedi's nooit onder stoelen of banken gestoken. Integendeel, de nieuwe olie-inkomsten werden gezien als een genade van God. Het werd voorgesteld als een goddelijke steun aan de wahabitische missie om de islam, die ooit in dezelfde regio ontstaan was, te herstellen en opnieuw met grotere kracht over de wereld te verspreiden.[63]

Dat verspreiden gebeurde via verschillende kanalen. Dat ging deels via expliciete missionering door duizenden missionarissen, deels via het ondersteunen van specifieke predikers en groeperingen in andere landen, deels via het bieden van een 'Saoedische ervaring' aan de miljoenen pelgrims tijdens de jaarlijkse hadj, deels via het verrijken van vele miljoenen arbeidsmigranten die na enkele jaren met dikke portefeuilles en nieuwe ideeën terug naar hun thuisland keerden, deels via het bouwen van moskeeën in het buitenland, deels via het gratis verspreiden van (specifieke vertalingen van) de Koran samen met miljoenen boekjes die de salafistische ideologie promootten, deels via ontwikkelingssamenwerking, deels via het steunen van allerhande onderwijsinitiatieven (van het subsidiëren van basisschooltjes, over het uitreiken van studiebeurzen tot het financieren van leerstoelen aan universiteiten zoals Harvard), en ga zo maar door.[64]

Het is moeilijk te achterhalen wat het precieze bedrag is dat via dit amalgaan aan staatsinitiatieven, privéprojecten, stichtingen en netwerken geïnvesteerd werd (en wordt) in de verspreiding van het salafisme. Enkele Wikileaks documenten, bijvoorbeeld, suggereren dat de financiële instroom van de petro-islam in de Pakistaanse Punjab jaarlijks zo'n 100 miljoen dollar zou bedragen.[65] Als dit het jaarlijkse bedrag is voor slechts één provincie in één islamitisch land, dan plaatsen de meeste schattingen het in de juiste grootteorde wanneer ze over een wereldwijd totaal spreken van vele tientallen miljarden dollars.[66]

Bovendien werkt de verspreiding van de petro-islam niet louter op basis van de eigen financiële input. Omwille van de huidige geopolitieke positie van de golfstaten krijgt het ook impliciete en expliciete ondersteuning van allerhande (vaak heel seculiere) overheden.

Wie het ontstaan van de salafistische petro-islam nagaat, kan uiteindelijk niet om de historische feiten heen. Het zijn geen vanzelfsprekende uitingen van het eeuwenoude 'karakter' van de islam. Het is wel een modern fenomeen dat heel wat macht verwierf en uiterst kapitaalkrachtig werd doorheen een amalgaan van allerhande koloniale, anti-koloniale en postkoloniale processen. Voor het eerst sinds het ontstaan van de islam kon één specifieke stroming zich doorheen de twintigste eeuw van de ene tot de andere uithoek van de islamitische wereld verspreiden. En vanwege haar geopolitieke ondersteuning kon deze stroming een sterke druk uitoefenen op andere geloofsbelevingen om zich te conformeren aan één welbepaalde reactionaire, regelgerichte en onevenwichtige visie. Waar de kracht van de islam voorheen voor een groot stuk bestond uit een enorme diversiteit, werd deze kracht bijgevolg ondergraven door opvallende uniformiseringsprocessen.[67] Vanuit de salafistische overtuiging dat er een 'oorspronkelijke islam' bestaat en dat men deze weer kan herstellen door de islamitische wereld te zuiveren van 'onjuiste' rituele en culturele vernieuwingen die doorheen de eeuwen de kop opstaken, worden allerhande tradities, gewoontes en gebruiken de nek omgewrongen. De oudere flexibele geloofswijzen werden steeds sterker aangevallen en de traditionele lokale uitingen van de islam werden steeds meer ondermijnd.

Deze invloed van de petro-islam is dan ook te zien en te voelen in zowel de samenlevingen van islamitische landen als in de migrantengemeenschappen van niet-islamitische landen. Om enkele concrete en uiteenlopende voorbeelden te geven: je merkt het aan de inperking van religieuze diversiteit in landen waar groepen zoals de Ahmediyya of de Yezidi, die vroeger wel degelijk als deel van de samenleving werden gezien, steeds meer als ketters worden bestempeld;[68] het valt op in de manier waarop bepaalde groeperingen moslimjongeren in Westerse landen proberen te overtuigen dat het onbetamelijk is om te dansen;[69] je hoort het in de taal wanneer dagelijkse woordenschat 'gearabiseerd' wordt, zoals bijvoorbeeld in Pakistan waar het woord 'Khudahafiz' – de standaarduitdrukking voor voor 'vaarwel' – wordt omgezet in 'Allahhafiz' omdat Khuda het Perzische woord is voor 'God';[70] je voelt het aan de veranderingen in rituelen zoals in Bengalen, waar het steeds minder populair is om de *Milad un-Nabi* te vieren, een feestdag waarop volgens lokale gewoonten de geboortedag van de profeet herdacht wordt;[71] je ziet het in de toenemende aparte ruimtes voor vrouwen in Amerikaanse moskeeën die gefinancierd werden vanuit het Midden-Oosten;[72] je merkt het aan de manier waarop de typische lokale inrichting van moskeeën verwijderd werd in Balkanlanden;[73] en het valt op in de wijze waarop nieuwe edities van het wereldberoemde 'Festival au Desert', een jaarlijks vieren van de Touaregcultuur, door extremistische groeperingen verhinderd werd.[74]

Op een gelijkaardige manier heeft dit alles ook een sterke impact op de islamitische mystiek. Net als heel wat andere cultuurelementen wordt 'het soefisme' als een verbastering gezien van de 'oorspronkelijke' islam en worden de geassocieerde rituelen als haram bestempeld. Sommigen vinden het daarenboven nodig om hun overtuigingen op dit vlak in daden om te zetten. De dagelijkse uitingen van normatieve mystieke islam krijgen het dan ook op meerdere niveaus zwaar te verduren. Zo kunnen salafi-invloeden er bijvoorbeeld voor zorgen dat dhikr bijeenkomsten gesloten worden,[75] dat bepaalde mystieke literatuur niet meer gepubliceerd wordt[76] of dat sommige soefiheiligdommen worden verwoest.[77]

Deze werkelijkheden zijn zo opzichtig, dat ze door weinig serieuze geleerden worden ontkend – behalve misschien door diegenen die op de loonlijst staan van de petro-islam. Wat geleerden en academici echter wel vaak over het hoofd zien in de besprekingen van het salafisme en de wijze waarop het de hedendaagse evoluties in de islamitische wereld beïnvloedt, is de sterke verwevenheid met het islamitisch modernisme. Daardoor wordt de werkelijke oorsprong van de hedendaagse conceptualiseringen rond 'het soefisme' vaak onderkend.

SALAFISME EN ISLAMITISCH MODERNISME

Het islamitisch modernisme was een beweging die voortkwam uit het gedachtegoed van een aantal vooraanstaande geleerden (vooral uit Brits India, Egypte en de Maghreb) die vanaf het midden van de 19de en tot in de eerste decennia van de 20ste eeuw een herbronning van de islam beoogden. Zij wensten dat echter niet te doen door de moderne wereld uit hun leven te verbannen en terug te keren naar een meer traditionele vorm van islam. Integendeel, zij stelden de traditionele structuren net in vraag. Ze namen de klassieke teksten terug onder handen om nieuwe, moderne interpretaties naar voor te schuiven. Net als voor Westerse intellectuelen van die tijd primeerde voor hen de ratio. Ze pleitten voor een moderne rechtsstaat, ze ijverden voor een versteviging van burgerrechten en ze legden een sterke nadruk op wetenschappelijke en technologische vooruitgang. Maar in tegenstelling tot vele Westerse intellectuelen, wensten ze dit alles waar te maken *vanuit* hun religie.[78]

Westers en islamitisch modernisme konden elkaar dus bijzonder goed vinden, behalve op dit ene cruciale punt: moslimmodernisten wensten religie niet uit de maatschappij, de rechtsleer of de politiek te verbannen. Door een terugkeer naar het oorspronkelijke charisma van de islam, wilden ze hun religie net als basis gebruiken om te strijden voor hun rechten.[*]

---

[*] In dit opzicht kan de term 'islamitisch modernisme' sommige lezers misschien verwarren. Zoals werd aangegeven, verwijst het naar een specifieke beweging onder sommige religieuze geleerden. De term verwijst bijgevolg niet naar de vele andere vormen van modernisme die doorheen de islamitische wereld de kop op staken in de 19de en de 20ste eeuw (en waarvan, bijvoorbeeld, panarabisme en Kemalisme twee expliciete voorbeelden zijn). Deze vormen van politiek (en vaak socialistisch) modernisme, die een stevige invloed hadden in bepaalde islamitische landen, kwamen in hun kijk op religie en secularisme uiteraard veel sterker overeen met de Westerse modernistische visie.

Zo wordt meteen duidelijk waarom de moslimmodernisten met hedendaagse salafi's te verbinden zijn. Ook zij droegen het 'terug naar de bron'-idee hoog in het vaandel. Sterker nog, *zij waren de eerste om de term 'salafisme' te introduceren*. In eerdere islamitische teksten werd het woord 'salafiyya' wel gebruikt als verwijzing naar de eerste generaties, maar als aanduiding van een 'stroming' of 'denkwijze' binnen de islam, werd het pas voor het eerst gebruikt door de protagonisten van het islamitische modernisme (zoals Djamal al-Din Afghani, Mohammed Abduh en Rashid Rida). Het waren dan ook de publicaties van de islamitische modernisten die de term, zoals die vandaag gebruikt wordt, steeds grotere ingang deden vinden.[79]

Natuurlijk verschilt het progressieve islamitisch modernisme op verschillende vlakken sterk van het amalgaam aan conservatieve, puriteinse islamitische stromingen die vandaag onder de term 'salafisme' gebundeld worden. Soms wordt het islamitisch modernisme daarom als 'modernistisch salafisme' aangeduid om een onderscheid te maken met de vormen van salafisme die een reactionair, antiwesters, antimodern standpunt innemen en daardoor haakser staan op het ideeëngoed van de verlichting.[80] Maar tegelijkertijd vallen islamitisch modernisme en hedendaags salafisme niet strikt van elkaar te onderscheiden. Hoe verschillend ze op sommige vlakken ook waren, ze konden elkaar geregeld vinden. De overtuiging dat de toenmalige problemen van de islamitische wereld voortkwamen uit een soort moreel verval van de islam en dat de 'oorspronkelijke' islam hersteld moest worden, zorgde voor voldoende ideologische overeenkomsten.

Zowel modernistische als anti-modernistische salafi's konden elkaar bijvoorbeeld goed vinden in hun wens om de islamitische religie te zuiveren van onjuiste toevoegingen of innovaties. Beide groepen bekritiseerden eeuwenoude cultuurelementen als vervormingen van de 'echte', 'zuivere' en 'oorspronkelijke' islam.

Dus al pleitten moslimmodernisten voor een meer exegetische en metaforische lezing van de Koran[81] en al ijverden ze voor grotere sociale gelijkheid tussen man en vrouw,[82] in hun neiging om bepaalde uitingen van islam als 'niet werkelijk religieus' te omschrijven, kwamen ze dikwijls overeen met de conservatievere stemmen.

Dat toonde zich heel sterk in de manier waarop zowel progressieve modernisten als conservatieve salafi's allerhande vormen van traditionele islamitische mystiek afwijzen. De leerstellingen van de soefi's en de rituelen van de volkse, mystieke islam, waren ook in de ogen van vele moslimmodernisten onzuiverheden die men achterwege moest laten om de islam terug in zijn pure vorm te beleven. Net als wahabi's kantten ze zich tegen de flamboyante, mystieke en passionele geloofsbeleving en bestempelen deze om verschillende redenen als decadent, gevaarlijk of haram.[83]

Eén specifiek voorbeeld daarvan is de reactie van de modernistische hervormer Muhammad Rashid Rida die op zekere dag in Cairo wordt uitgenodigd om er een sema-ceremonie van de Mevlevi mee te maken. Franklin D. Lewis beschrijft het gebeuren in zijn boek over Roemi en de Mevlevi:

> Zoals Rida uitlegde, wandelden de derwisjen binnen in tunieken die zo wit waren als sneeuw en geleken op bruidsjurken, terwijl hun sjeik zich op de ereplaats zette. Eén voor één bogen ze voor de sjeik, wervelden ze op de muziek van de ney, hun rokken golfden omhoog in cirkels, op gelijkmatige afstanden van elkaar. Zonder elkaar te verdringen, strekten ze hun armen, bogen ze hun nek. Toen Rida vroeg wat dit spektakel te betekenen had, werd hem gezegd dat het een ritueel gebed was van de Mevlevi-orde, opgericht door Roemi, de auteur van de Masnavi. Een woedende Rida kon zichzelf niet onder controle houden, stond op en maakte een scène. Hij riep in het midden van de sema-hal dat dansen verboden was en hij uitte zijn afkeer van al degenen

die het praktiseren met een vers uit de Koran: "Ze hebben hun religie tot speelgoed en een grap gemaakt." Hij stond recht, riep iedereen op om te gaan, vroeg God hen te vergeven en stormde naar buiten. Hij gaf echter ook toe dat enkelen hem wel volgden maar dat de meerderheid achterbleef en aan de ceremonie deelnam ondanks zijn uitbarsting.[84]

Het is natuurlijk interessant dat de meerderheid van de aanwezigen bleef zitten. Al was deze moslimmodernist er van overtuigd dat het semaspektakel niet tot de 'echte' islam behoorde, in die dagen waren de meeste anderen het daar duidelijk niet mee eens.

Binnen het islamitisch modernisme kon men op dat vlak trouwens een langzame verschuiving waarnemen. Waar sommige modernisten (zoals, bijvoorbeeld, Mohammed Abduh) in hun jongere jaren nog flirtten met bepaalde vormen van islamitische mystiek,[85] werd hun kritiek erop vaak feller en gaven ze op dat punt extra kracht aan de meer rigide, conservatieve strekkingen van het salafisme waarbinnen het puriteinse verketteren van het soefisme vaak veel explicieter was – en vooral ook agressiever.

Het hoeft dan ook niet te verwonderen dat sommige belangrijke figuren zich bij aanvang als modernistische figuren profileerden maar uiteindelijk toch overhelden naar de meer conservatieve puriteinse stromingen. Rida is op dat vlak trouwens een goed voorbeeld. Hij was immers de oprichter van het invloedrijke tijdschrift al-Manar dat vele jaren als een boegbeeld van het modernistische en reformistische gedachtegoed werd gezien. Naar het einde van zijn leven toe nam hij echter steeds meer afstand van zijn modernistische collega's en voorgangers. Een aantal politieke en intellectuele ontwikkelingen (zoals de afschaffing van het kalifaat) evenals zijn groeiende afkeer t.o.v. bepaalde culturele aspecten van de islam, brachten hem ertoe zich steeds meer op puriteinse geleerden als Ibn Taymiyya en ibn Abd al-Wahhab te richten. Het gevolg is dat Rida's invloed in de islamitische wereld twee kanten uit ging. Hij inspireerde zowel progressieve reformistische geleerden als meer rigide, conservatieve islamisten. Zo werden o.a. Hassan al-Banna en Sayyid Qutb, de belangrijkste ideologen van de moslimbroeders, door Rida's ideeën beïnvloed.[86]

DE MODERNE SALAFISTISCHE KIJK
OP SOEFISME

Het is hier niet de bedoeling om het islamitisch modernisme aan te duiden als de uiteindelijke 'boeman' die een soort 'vervolging' van de islamitische mystiek op zijn geweten heeft. Het huidige anti-soefisme dat op veel plaatsen de kop op stak is uiteindelijk vooral toe te schrijven aan de economische en de politiek-ideologische kracht van de petro-islam. Omwille van die kracht werd het islamitisch modernisme trouwens zelf ook overschaduwd en aan de kant geschoven. Het verdween zeker niet, maar door de geopolitieke en sociale processen van de laatste decennia kreeg het weinig ruimte toebedeeld. Enkel in sommige academische kringen komt het vrij frequent voor – zij het in geheel nieuwe vormen.

Wat de argwaan van het islamitisch modernisme t.o.v. 'het soefisme' daarentegen wel laat zien, is het feit dat een aantal gelijklopende intellectuele en ideologische tendensen in de islamitische wereld elkaar versterkten in het 'verketteren' van verschillende facetten van de dagelijkse uitingen van mystiek.

Wat het daarenboven ook laat zien is het feit dat deze tendensen op hun beurt versterkt werd door Westerse modernistische ideeën over religie.

Op de eerste plaats zien we immers een categorisering tussen 'het religieuze' en 'het seculiere'. In een traditionele visie nam islam geen 'aparte' plaats in maar was het veeleer een soort spiritueel, cultureel, moreel, psychologisch, sociaal *en* politiek weefsel dat alles in de samenleving bijeenbond.[87] Salafi's (zowel modernistische als conservatieve) zien het echter als een specifieke dimensie in de samenleving. In tegenstelling tot het Westerse modernistische paradigma werd die dimensie door hen niet als gevaarlijk afgeschilderd, weggeduwd tot de privésfeer of afgedaan als ouderwets, maar net als het allerbelangrijkste gezien. De duale basispremisse blijft dus dezelfde. Dat wil zeggen, zowel Westers als islamitisch modernisme als conservatief salafisme, gaan er van uit dat de 'seculiere' en de 'religieuze' aspecten van de samenleving netjes van elkaar te scheiden zijn. Het verschil tussen Westers modernisme en salafisme zit enkel in de keuze om een het ene of het andere aspect van de dualiteit als positief of negatief te omschrijven.

Vervolgens is er de invulling van 'het religieuze' als iets regelgericht, principieel en 'dogmatisch'. Want in hun zoektocht naar een 'zuivere' islam trachtten zowel moslimmodernisten als conservatieve salafi's de principes en overtuigingen van de 'zuivere' islam te ontdekken door zich in hoofdzaak op Schriftuurlijke aspecten en historische gegevens te baseren. Hun verwoede pogingen om de essentie van de islam op het spoor te komen zorgden er dus voor dat ze 'religie' steeds meer aflijnden binnen het modernistische kader van religie als een reeks regels en geloofsaanspraken die los staan van de persoonlijke spiritualiteit van de gelovige of zijn historische, culturele en maatschappelijke context.

En tot slot is er de moderne splitsing tussen religie en mystiek. Ook in de ogen van moslimmodernisten was het soefisme immers geen 'échte' religie. Ze lieten zich op dat vlak trouwens rechtstreeks inspireren door de werken van toenmalige Westerse oriëntalisten die vanuit hun modernistische denkkader het soefisme toen al afdeden als een soort losstaande en bizarre abnormaliteit die wat los stond van de 'authentieke islam' (aangezien die authentieke islam volgens hen zich vooral op teksten, wetten en rotsvaste geloofsovertuigingen baseerde).[88] Men kan hier bijgevolg hetzelfde patroon opmerken: beide groepen maken gebruik van een gelijkaardige dichotomie, zij het met verschillende waarderingen. Net zoals vele hedendaagse Westerlingen, droegen de oriëntalisten het soefisme net op handen omdat het geen 'échte' religie zou zijn. Moslimmodernisten verwierpen het om dezelfde reden.[*] In hun antikoloniale pogingen om de glorie van hun *religie* te herstellen zagen moslimmodernisten de volkse en mystieke uitingen van de islam als één van de grote oorzaken voor de achteruitgang van de islamitische wereld t.o.v. de Westerse cultuursfeer.[89] Het spoorde volgens hen immers aan tot passiviteit, vertolkte onjuist bijgeloof en zorgde voor een al te blind navolgen van spirituele leiders. En met dergelijke kritieken vonden ze opnieuw zonder problemen aansluiting bij de meer conservatieve salafi's zoals de wahabi's, die dezelfde mening waren toegedaan.

---

[*] Al geldt dit uiteraard niet voor elke islamitische modernist. Ook op dit vlak bestaat er nuance en uitzondering. Sommigen lieten zich wel degelijk positief uit over islamitische mystiek. Muhammad 'Alama' Iqbal, één van de grootste ideologen van de oorspronkelijke Pakistaanse staat, is daar een goed voorbeeld van. Hij plaatste zichzelf immers geheel in de lijn van een mysticus als Roemi. Niettemin uitte ook hij soms sterke kritiek op bepaalde gewoontes en gebruiken binnen de mystieke volkse islam. (zie bijv.: Atlas, *Tahir Hameed Tanoli – Reflections on Iqbal*, s.d.)

TERUG NAAR WELKE BRON?

Puriteinse vormen van islam zoals het wahabisme ontlenen hun legitimiteit dus niet aan de bredere islamitische traditie of de klassieke structuren van geloofsoverdracht. Met andere woorden, hoewel het salafisme vertrekt vanuit een doorgedreven poging om 'terug te keren naar de bron' kan men de vraag stellen over welke bron dat precies gaat.

Iemand als Abdal Hakim Murad spreekt in dat verband soms van 'vals salafisme'. Aan de ene kant, zo stelt hij dan, is er een vorm van salafisme als legitiem onderdeel van de islam waarbij een moslim gaat kijken wat de oorspronkelijke bronnen en de levenswijze van de salaf vandaag nog te betekenen hebben, rekening houdend met de geaccumuleerde wijsheid uit de brede islamitische traditie. Aan de andere kant is er een vorm van salafisme die duizenden geleerden uit het verleden negeert, die zichzelf uitroept tot enige juiste beleving van islam en die van andere moslims verwacht dat ze zich conformeren aan specifieke doctrinaire en culturele gewoontes.[90]

Wanneer de petro-islam dan toch legitimiteit wordt toegekend, is dat in grote mate omwille van geopolitieke machtsverhoudingen, omwille van toevallige financiële input en omwille van het symbolische feit dat het voor een groot gedeelte vanuit Mekka wordt verspreid. Het is dan ook frappant dat de bijhorende disbalans van overmatige regelgerichtheid als de 'echte islam' wordt voorgesteld, hoewel hun afbraak van mystiek net wezenlijk 'onreligieus' is.

Onze gangbare modernistische denkkaders zorgen er echter voor dat we de zelfverklaarde 'juistheid' en 'echtheid' van de petro-salafi's als vanzelfsprekend ervaren. De modernistische en seculiere kijk gaat er immers op voorhand van uit dat religie – en met uitstek de islam – een kwestie is van archaïsche regels en beknellende structuren. Daardoor worden de meest dogmatische en onderdrukkende vormen van religie als 'werkelijk religieus' omschreven en worden fundamentalisten spontaan als vertegenwoordigers gezien van de 'orthodoxe' islam. Bewust of onbewust, zo bieden we hen uiteindelijk een vorm van autoriteit die hen wezenlijk niet toebehoort.

Als bijzonder tekenend voorbeeld daarvan kunnen we verwijzen naar het hele vraagstuk over de wijze waarop islam omgaat met muziek. Beïnvloed door allerhande vormen van reactionaire islaminterpretaties, is men er ondertussen vaak van overtuigd dat de 'klassieke' islam alle muziek als haram bestempeld. Men ziet dat geregeld opduiken in inleidende boekjes over islam en wereldgodsdiensten. Nochtans werd en wordt in het overgrote deel van de islamitische wereld al eeuwenlang de meest prachtige muziek ontwikkeld. Dat gaat van plechtstatige liederen die Mevlana Roemi in de 13[de] eeuw om zijn as deden draaien tijdens het sema ritueel[91] tot songs van een hedendaagse Afrikaanse popster als Youssou N'dour die in 2004 het album 'Egypt' uitbracht waarop hij zijn liefde voor zijn God bezingt.[92] Over de hele wereld bieden de verschillende muzikale tradities van de islamitische wereld bieden zowel vertroosting als extase, zowel schoonheidservaringen als uitingen van devotie.

Vanuit de bredere traditie bekeken, is er dan ook geen enkele reden om de rigoureuze interpretatie van bepaalde fundamentalistische en puriteinse strekkingen tot de islamitische norm te verheffen en te stellen dat 'échte' islam muziek afkeurt. Er is geen enkele reden hun visie op islam (of op religie in het algemeen) als richtinggevend te zien – wel integendeel.

4.

DE DONKERE KANTEN VAN ISLAMITISCHE MYSTIEK

DE VALKUILEN VAN VOLKSE MYSTIEK

Wanneer we ons niet langer door ons modernistische wereldbeeld laten leiden en inzien dat standaardreligie behoorlijk mystiek en vrij kan zijn – zeker in de islam – wil dat echter niet zeggen dat we dan maar 180 graden moeten draaien en ons laten vangen door de andere kant van het modernisme. We moeten immers ook niet doen alsof alles wat met mystiek te maken heeft alleen maar een kwestie is van 'love, peace and music'.

Net omdat de islamitische mystiek zo wijdverspreid is en zich op heel uiteenlopende wijzen veruitwendigt, zou het maar al te verwonderlijk zijn dat er niet ook schaduwkanten aan te vinden zijn. Net zoals dat het geval is met religie en spiritualiteit in het algemeen zijn zeker niet alle vormen en belevingen van islamitische mystiek altijd even positief. Meer nog, de afwijzingen van islamitische modernisten en salafi's verwoordden op dat vlak vaak terechte punten van kritiek.

Zeker in de meer volkse uitingen vallen de donkere kanten van islamitische mystiek sterk op. Hoe fantastisch het ook is om sommige kleurrijke tranceritelen mee te maken, de volkse mystieke devotie is zeker niet vrij van alle blaam. Verschillende geleerden bekritiseerden bijvoorbeeld terecht de passiviteit van de gelovigen die zich laten gaan in allerhande zweverige spirituele praktijken en daardoor geen oog meer hebben voor de sociale wantoestanden om zich heen.

De grote hoeveelheden drugs die vaak genomen worden tijdens sommige mystieke rituelen, pelgrimstochten of bijeenkomsten rond soefischrijnen zijn in die zin vrij tekenend. Antropoloog Jürgen Wasim Frembgen geeft daar een mooie beschrijving van in zijn kleurrijke verslag van het jaarlijkse festival rond het mausoleum van Lal Shahbaz Qalandar, waar honderdduizenden pelgrims heen trekken om er dagenlang op te gaan in een mix van gebed, muziek, dans en extase.

> Hasjiesj voorbereiden in de tent was een ochtendlijk ritueel; heel aandachtig uitgevoerd, geduldig en met bijhorende aanroepingen van de Qalandar. Dit is bhang sardai, een speciaal drankje dat de derwisjen ook mastaan buti (kruid van intoxicatie) noemen. (...) In de juiste dosissen genomen versterkt het de waarneming, verscherpt het de zintuigen en brengt het een ontspannend effect. (...) In tegenstelling tot alcohol, dat als haram (verboden) wordt gezien, is hasjiesj, een heel frequent gebruikte drug, enkel makruh (afkeurenswaardig). Niettemin, hoewel vele soefi's zich duidelijk tegen deze verslaving kantten, wordt het met veel gusto overal op de pelgrimsbijeenkomst geconsumeerd. In mijn ogen lijkt het wel één groot cannabisfestival.[93]

Uiteraard hoeft het gebruik van sommige drugssoorten niet per definitie problematisch te zijn. Druggebruik is immers al millennialang een onderdeel van verschillende religieuze rituelen zoals, bijvoorbeeld, in meer sjamanistische praktijken waarbij men doorheen druggebruik 'reizen van de ziel' ondergaat. In allerhande culturen en samenlevingen kreeg en krijgt het daardoor geregeld een belangrijke plaats. Daarenboven kan het soms een existentiële uitlaatklep bieden of tot interessante geestverruimende ervaringen leiden. In die zin zet het druggebruik de ongedwongenheid van volkse uitdrukkingen van de Pakistaanse islam net extra in de verf.[94]

Maar wanneer drugservaringen de overhand nemen kunnen ze natuurlijk ook destructief worden en de diepere spiritualiteit overwoekeren. Dat geldt trouwens niet alleen voor drugs. Mystiek in het algemeen, zeker wanneer het een massa-aangelegenheid wordt, kan al eens omslaan in een pure vlucht uit de realiteit. Daardoor is het niet ongewoon om in mystieke milieus (zowel islamitische als andere) behoorlijk wat dubieuze dweperigheid en pseudo-magische rituelen aan te treffen.

Een andere valkuil van volkse mystiek is de wijze waarop de status van mysticus soms misbruikt wordt. Enkele van de meest flagrante voorvallen op dat vlak hebben te maken met het fenomeen van rondtrekkende 'pirs', 'faqirs' of 'derwisjen'* die niet alleen spirituele boodschappen verkondigen maar ook geregeld diensten aanbieden als bovennatuurlijke genezers. Met allerhande rituelen en gebeden proberen ze dan zowel psychologische problemen als fysieke aandoeningen zonder veel kennis van zaken op te lossen. Dat dit niet altijd tot werkelijke genezing leidt en de problemen soms enkel verergert, hoeft natuurlijk niet te verwonderen. En het wordt erg grimmig wanneer sommigen onder hen ook tot crimineel gedrag overgaan zoals diefstal of verkrachting. Zo zijn er genoeg gevallen bekend van meisjes en vrouwen die een oplossing zochten voor, bijvoorbeeld, hun migraine of onvruchtbaarheid en vervolgens onder het mom van een 'genezingsritueel' door een charlatan onteerd werden.[95]

---

* Dat zijn verschillende termen die vaak dooreen gebruikt worden om verschillende soorten asceten, wijsgeren en spirituele zwervers mee aan te duiden.

Dergelijke vormen van charlatanerie en pijnlijk misbruik betekenen zeker niet per definitie een blaam voor alle mystieke genezers. Integendeel, binnen de kaders van hun eigen cultuur en gemeenschap hebben velen onder hen wel degelijk een sociale, psychologische en medische rol te spelen. Maar het heeft ook geen enkele zin om te doen alsof de islamitische mystiek op de één of andere miraculeuze manier van wantoestanden gevrijwaard blijft.

Waar het eveneens niet van gevrijwaard blijft is het meer subtiele machtsmisbruik dat kan ontstaan wanneer een meester-leerling-relatie ongezond wordt. Want doordat, zoals in hoofdstuk 2 werd uiteengezet, de meester-leerling-relatie zo centraal staat binnen de islamitische mystiek, kan het er voor zorgen dat een al te onvoorwaardelijke gehoorzaamheid geëist wordt door de sjeik. En net als in vele andere spirituele groeperingen kan dit er soms toe leiden dat de eigenwaarde van de leerlingen wordt weggenomen of dat allerhande sociale banden onnodig verbroken worden. Soms gaat het daarbij om bewust commercieel gewin waarbij een spirituele leider zijn charisma en status misbruikt om zichzelf via zijn volgelingen te verrijken en soms gaat het om meer onbewuste machtswellust van een spirituele leider die zijn ego niet werkelijk onder controle heeft, arrogant wordt, zichzelf hoger waant dan zijn leerlingen en hun spirituele groei daardoor net meer beperkt dan stimuleert.

Dit wil niet zeggen dat er iets inherent verkeerd is aan het silsilasysteem van geloofsoverdracht tussen een sjeik en zijn of haar leerlingen. Spiritueel gesproken, kan begeleiding door een meester vaak noodzakelijk zijn – wat meteen de reden is waarom het zo'n centraal aspect vormt. Maar opnieuw heeft het geen zin te negeren dat het ook nefast kan worden wanneer het al te ver doorgetrokken wordt.

*

Dergelijke uitwassen komen zeker niet enkel voor in de islamitische mystiek. Al evenmin is elke tariqa per definitie corrupt. Integendeel. Zowel de geschiedenis als de hedendaagse uitingen van islamitische mystiek zitten vol prachtige voorbeelden van diepgaande spiritualiteit. Maar het heeft eenvoudigweg geen zin om 'het soefisme' louter en alleen op een oppervlakkige manier te omschrijven als een soort mooie, lichte of open versie van islam omdat het zich toevallig met mystiek inlaat.

In dit verband is het daarenboven van belang dat ook de soefi's zich heel bewust waren van dit soort wanpraktijken, mistoestanden en problematische uitingen van islamitische mystiek. De werkelijk grote mystici gaven immers geregeld kritiek op de ondoordachtheid van sommige volkspraktijken, de wetteloosheid van sommige rondtrekkende predikers en de dubieuze leerstellingen van sommige sjeiks. Deze kritieken verschilden echter sterk van de algemene en categorieke afkeer van 'het soefisme' zoals we dat vandaag aantreffen. De klassieke geleerden uitten geen kritiek op 'het soefisme' als aparte strekking, maar bekritiseerden de hypocrisie van bepaalde figuren. Het mystieke aspect van religie beschouwden ze als vanzelfsprekend (wat de normativiteit ervan opnieuw in de verf zet), maar ze kantten zich wel tegen diegenen die het niet op een oprechte manier nastreefden.[96]

In haar *Mystical Dimensions of Islam* haalt Schimmel bijvoorbeeld aan dat Jami, één van de belangrijkste namen uit de geschiedenis van de islamitische mystiek, zich fel uitlaat over sommige predikers die dachten dat ze boven de religieuze regels uitstegen omdat ze meenden dat ze één werden met God terwijl ze in werkelijkheid sterk vastgekluisterd bleven aan hun eigen egocentrische drijfveren.[97] En iemand als Hijazi, schrijft ze...

...plaatste zijn vinger op het gevaar van de overdreven verering van de spirituele meester, de sjeik of de pir, wat Muhammad Iqbal 'pirism' noemde, d.w.z. de absolute macht die leiders over hun volgers hebben en de daarmee gepaard gaande uitbuiting van onwetende boeren en dorpelingen.[98]

Schimmel brengt zelfs aan dat de mistoestanden die geregeld de kop op staken, ervoor zorgden dat het woord 'soefi' op geregelde tijdstippen door belangrijke protagonisten van de islamitische mystiek met argwaan bekeken werd. Iemand als 'Urfi, bijvoorbeeld, één van de poëten aan het hof van de 16de-eeuwse Mogolkeizer Akbar, schreef het volgende kwatrijn:

De soefi houdt zich ledig
  met mensen om de tuin te leiden,
de onwetende houdt zich ledig
  met zijn lichaam te etaleren
de slimme houdt zich ledig
  met grote woorden te oreren
maar de minnaar
ontledigt zichzelf.[99]

'Urfi associeert hier de soefi's met 'bedriegerij' maar omschrijft 'de minnaars' als diegenen die zowel materialisme als intellectualisme overstegen en doorheen een overstijgende liefde weten op te gaan in het grotere goddelijke geheel. Gelijkaardige verzen kan men ook zonder problemen aantreffen in de gedichten van Hafez, één van de beroemdste Perzische Soefi's.[100] Dat kan voor sommigen wat bizar lijken aangezien dergelijke bewoording net één van de meest klassieke omschrijvingen zijn van 'de soefi'. In theorie is vooral de soefi iemand die het eigen ego achterwege laat en tot mystieke liefdeseenheid met het goddelijke komt. Maar net als in andere religieuze contexten zijn de theorie en praktijk van de islamitische mystiek nu eenmaal niet altijd met elkaar in overeenstemming.

De moderne tweedeling tussen religie en mystiek zorgt er echter voor dat wie zich geïnspireerd weet door 'het soefisme' dergelijke spanningsvelden tussen theorie en praktijk liefst zo ver mogelijk uit de weg gaat. Hypocrisie en bedriegerij worden immers vooral met religie geassocieerd en mystiek lijkt daarvan gevrijwaard. Als gevolg daarvan blijven hedendaagse spirituele zinzoekers vaak wat blind voor de donkere kanten van de islamitische mystiek. Vanuit hun diepe wens om alleen maar stralende schoonheid te zien, blijven ze zich compleet onbewust van deze facetten van 'het soefisme' hoewel de soefi's zelf ze al eeuwenlang erkennen en veroordelen.

Islamitische en andere mystiek conceptueel proberen vrijwaren van elke duisternis, zorgt bijgevolg enkel voor de bestendiging van ons foutieve hedendaagse denkkader rond religie. Het zorgt ervoor dat we de relevante dimensies niet vatten en dat we de onderliggende dynamieken niet begrijpen – ook wanneer we er vlak voor staan en er zelf een onderdeel van zijn, zoals bijvoorbeeld het geval is in het 'toerismesoefisme'.

TOERISMESOEFISME

Een toerist wordt in een islamitisch land geregeld om de oren geslagen met allerhande vormen van gefotoshopt toerismesoefisme. Wie bijvoorbeeld naar Turkije op reis gaat, krijgt in zijn hotel dikwijls enkele culturele uitstappen aangeboden waarvan een bezoek aan een sema met stip de meest populaire is aangezien het de mogelijkheid biedt om het klassieke icoon van de draaiende derwisjen terug tot leven te zien komen. Een dozijn in statig wit geklede mannen, beginnen om hun as te roteren op de tonen van plechtige en contemplatieve Ottomaanse muziek. Hun rokken zwieren als elegante cirkels, ze reiken met hun handen de hoogte in en met hun karakteristieke stapjes houden ze zich in een schijnbaar nooit eindigende wenteling.

Men hoeft zelfs helemaal niet naar Turkije te gaan om dergelijke rituelen bij te wonen. Ze worden ook geregeld buiten Turkije opgevoerd. Ook in België en Nederland kan men soms in concertzalen of kerken een sema aanschouwen. Maar wie zo'n gelegenheid te baat neemt, moet daarbij wel in het achterhoofd houden dat de dansers die men er aan het werk ziet over het algemeen hoegenaamd geen werkelijke mevlevi's zijn. De mevlevi-orde werd, samen met andere soefi-ordes in Turkije, in 1925 bij wet ontbonden. De klassieke structuur hield daardoor op te bestaan. Hun cultus- en studieplaatsen werden gesloten, de sjeiks werden uit hun functie ontheven en het bleef decennialang verboden de rituelen uit te voeren. Wanneer er specifiek voor de semaceremonie vanaf de jaren vijftig uitzonderingen werden toegestaan, was dat omwille van hun folkloristische waarde, niet om ze terug als religieuze bijeenkomsten te laten doorgaan.[101]

Wanneer men dus als toeschouwer naar zo'n opvoering gaat kijken en luisteren, kan het heel leuk zijn om eens te zien en te horen hoe een sema vroeger werd uitgevoerd, maar zo'n voorstelling is natuurlijk maar wat het is: een interessante voorstelling. Al bij al is het een soort 'fastfood spiritualiteit'. Niet al te duur, rustig vanop een veilige afstand te bekijken en vlot verteerbaar.

Het eigenaardige is alleen dat de toeschouwers er dikwijls van uitgaan dat ze in een museum, een toeristische trekpleister of een concertzaal een werkelijk religieus-spiritueel fenomeen meemaken. Stel echter dat een Turkse toerist in één of ander cultureel centrum gaat luisteren naar een opvoering van een koor dat, pakweg, de vespers van Rachmaninov opvoert. En stel dat die Turkse toerist achteraf met blijdschap komt vertellen hoe prachtig hij het vond om die monniken zo intens te zien bidden.

Het spreekt voor zich dat men zo'n uitspraak uiterst bizar zou vinden.

Wie dus een ticketje koopt om op een podium een groep hippe draaiende derwisjen aan het werk te zien, krijgt over het algemeen geen echte tariqa te zien. Het is geen traditioneel broederschap, geleid door een spirituele leider. De groep wordt daarentegen geleid door een manager. En die manager is het Ministerie van Toerisme in Turkije.[102] Dat ministerie verzorgt zowel in binnen- als buitenland maar al te graag dergelijke shows om de het religieuze erfgoed en de cultuur van Turkije voor een breed publiek aantrekkelijk te maken.*

Dit brengt ons bij een ander eigenaardig aspect van het soefisme: het 'soefisme van de staat'. In dit geval gaat het om een vrij onschuldig aspect van het culturele beleid van een overheid die mystiek gebruikt als toeristische aantrekking voor westerlingen met een zwak voor exotisme. Maar de verwevenheid tussen mystiek en politiek kan veel verder gaan. Dat is opnieuw moeilijk te vatten binnen onze modernistische

---

* Daarbij moet wel opgemerkt worden dat enkelingen de traditie behielden. Zo werden de ceremonies in besloten kring en uit het oog van de Turkse overheid verder gezet door sommige muzikanten (zoals Elvi Erguner en zijn zoon Kudsi). Een aantal figuren, die al dan niet een familiale band met Roemi konden claimen (zoals Celaleddin Çelebi) of nog lid waren geweest van de orde voor de opheffing (zoals Süleyman Loras Hayati Dede), zorgden ook voor een overdracht van de leer binnen bepaalde spirituele kringen. Door de specifieke Turkse situatie groeiden deze nieuwe Mevlevigroeperingen – zoals The Treshold Society en The Mevlevi Order of America – vooral in Groot-Brittanië en de VS. Omdat onder de geïnteresseerde Westerlingen vaak de typische verwachting leeft dat religie en mystiek gescheiden worden, leggen deze groepen meestal weinig nadruk op de specifieke islamitische spiritualiteit van de Mevlevi en wordt het geheel in een wat meer 'universalistisch' (en soms behoorlijk new age) kleedje gestoken. Niettemin behoudt de sema een belangrijke plaats in hun bijeenkomsten. Men kan zich in deze groepen dus laten inwijden om de sema aan te leren en in ritueel groepsverband uit te voeren. Dergelijke uitvoeringen van de sema zijn natuurlijk iets anders dan de opvoeringen voor een groot publiek van toeristische culturele ensembles en bewaren wel degelijk een oprechte spirituele focus. (Zie: Lewis, *Rumi*, 2003.)

visie op religie, spiritualiteit en mystiek, maar de voorbeelden ervan liggen opnieuw voor het grijpen.

STAATSSOEFISME

Aangezien 'het soefisme' zich niet in de marge bevindt maar net een centraal gegeven vormt dat de hele traditie doordesemt en dat verschillende uitingen kent in alle lagen van de bevolking, werd het doorheen de geschiedenis op uiteenlopende manieren met de politieke realiteit verbonden. Sommige soefi's legitimeerden de strijd van de autoriteiten, anderen waren net de luis in de pels van de machthebbers. In de islamitische wereld treft men bijgevolg allerhande voorbeelden aan waarbij mystiek soms de drijfkracht was achter hevig verzet tegen onderdrukking of, omgekeerd, waarbij het een onderdeel werd van de gevestigde staatsstructuren.

Voorbeelden van 'politiek soefiverzet' vinden we heel gemakkelijk terug in de woelige jaren van strijd en politieke omwentelingen van de dekolonisatie. Zo bevocht de senoessie broederschap de Franse expansie in de Sahara en de Italiaanse kolonisatie van Libië in de eerste jaren van de twintigste eeuw.[103] In Indonesië werd sterk soefiverzet geleid door 'Abd al-Samad al-Palimbâni die opriep tot jihad tegen de Nederlandse overheersers vanuit een leer die hij baseerde op de mystiek van al-Ghazali en ibn-Arabi.[104] En de naqsjbandi sjeik Said van Palu vermengde mystieke leerstellingen met Koerdisch-nationalistische elementen waardoor hij in 1925 samen met zijn vele duizenden volgelingen de stad Diyarbakir bestormde (zij het met weinig resultaat).[105]

Evenmin is het lang zoeken naar voorbeelden van gevestigde machtsstructuren die zich op de islamitische mystiek baseren.

Dat valt onder andere sterk op in het Ottomaanse Rijk waar allerhande soefi tariqa's zowel financieel als ideologisch ondersteund werden door de sultans, wat er voor zorgde dat vele sjeiks op hun beurt ook loyaal waren tegenover de machthebbers. Bijgevolg namen de Ottomaanse sultans wel eens deel aan het semaritueel van de mevlevi en was het in de 19de eeuw de gewoonte dat een nieuwe sultan tijdens zijn inwijdingsritueel met zijn zwaard omgord werd door het hoofd van die mevlevi-orde.[106]

Een ander voorbeeld is het rijk van de Safaviden, één van de belangrijkste dynastieën in de Perzische geschiedenis, die aan de macht was tussen de zestiende en de achtiende eeuw. Zo nu en dan was deze dynastie in conflict met het Ottomaanse rijk, al plaatste de staatsvisie een even stevige nadruk op islamitische mystiek aangezien deze haar keten van autoriteit op de sjeiks van de Safaviyya tariqa baseerde.[107]

Ook vandaag zit islamitische mystiek heel vaak in de politiek verweven. En soms op vrij onverwachte plaatsen, zoals in het Iraanse beleid.

In Iran wordt door overheidstheologen soms felle kritiek geuit op bepaalde mystieke doctrines of belangrijke figuren uit soefibroederschappen. Wanneer dat gebeurt, is dat echter geen aanval op mystiek omwille van de mystiek. Het is er vooral een kwestie van machtspolitiek. Charismatische sjeiks die volgelingen om zich heen verzamelen worden immers als concurrenten van de Ayatollah gezien.[108] Het is dus niet zo dat er sprake is van een eenduidige onderdrukking van 'mystieke spiritualiteit' door 'strenge orthodoxie'. Meer nog, de 'orthodoxie' van Iran vertoont zelf een grote voorliefde voor mystiek. Volgens de Iraans-Nederlandse professor Asghar Seyed-Gohrab blijft het mystieke ideaal immers een onuitwisbaar kenmerk van het Perzische nationale karakter:

> Dit zien we ook in de figuur van Ayatollah Khomeini (1902-1989), die als een onbetwiste fundamentalist de macht greep en er niet voor terugdeinsde zijn politieke tegenstanders te laten vermoorden, maar die tegelijkertijd een persoonlijk mystiek ideaal volgde. (...) Khomeini spoorde bijvoorbeeld Michail Gorbatsjov aan de klassieke mystieke filosofen als Ebn 'Arabi, Avicenna (Ebn Sinâ) en Sohrawardi te lezen.[109]

Khomeini, de (spirituele) leider van de Iraanse revolutie en de stichter van de islamitische Republiek van Iran, wordt bij ons natuurlijk zelden als mysticus beschouwd en veeleer als een despotisch boegbeeld van extremistische islam. Maar zelfs zijn visie over leiderschap werd door mystieke islamitische principes vorm gegeven. Dat leiderschap was in zijn ogen immers niet louter een kwestie van overkoepelende politieke macht en wel een 'gezag' dat zou moeten voortvloeien uit spirituele kracht. Van de 'Hoogste Leider van Iran' wordt immers ook verwacht...

> ...dat hij een strikt gedisciplineerd en sober leven leidt, op dezelfde manier als een asceet in de Middeleeuwen. Hij zou constant moeten vechten tegen wereldse hartstochten en passies. Door zijn ego uit te schakelen, moet hij streven naar eenwording met God zodat hij een heilige figuur op aarde wordt. Vandaar dat zowel Khomeini als Khamenei zich in de media tegen een zeer eenvoudige en sobere achtergrond presenteren.[110]

Daarnaast kunnen we ook verwijzen naar de honderden mystieke (liefdes)gedichten die Khomeini schreef. Zij bevatten gekende idiomen uit de Perzische mystiek en bezingen hoe men voorbij de dogmatiek moet gaan om tot een werkelijke en innige band met het goddelijke te komen.

Voor modernistische geesten wordt het extra verwarrend wanneer ze te weten komen dat Khomeini's gedichten ook gebruikt werden als inspiratiebron voor oorlogspoëzie en dat hij in die poëzie beschreven werd als 'de oude leidsman van de mystici' of als 'imam van de minnaars'.[111] In de jaren tachting, mobiliseerde deze 'mystieke oorlogspoëzie' jongere soldaten in de strijd tegen het invallende Iraakse leger. Ze verwees daarom geregeld naar het gekende voorbeeld van Mansur al-Halladj als ideale martelaar.

Mansur al-Halladj was een Perzische soefi die een ervaring van zo'n totale vereniging met het goddelijke had waardoor hij publiekelijke uitriep: "Ana al-haqq!" ("Ik ben de Waarheid!"). Deze pantheïstische uitspraak, zo stelden de latere mystici, was een gevolg van zijn liefdesextase die er voor zorgde dat hij niets dan God zag, waar hij ook keek. Op het moment van de uitspraak echter, stelden sommigen dat al-Halladj zich met God vereenzelvigde, waardoor men hem van blasfemie beschuldigde, ter dood veroordeelde en ophing. (Al was zijn proces zeker ook politiek geïnspireerd, aangezien al-Halladj goed bevriend was met sommige figuren die de politieke onderdrukking van hun tijd wensten te doorbreken.[112])

De ironie mag duidelijk zijn. Hoewel de figuur van al-Halladj in de geschiedenis van de islamitische mystiek heel vaak werd en wordt aangehaald als een voorbeeld van vrijdenken en verzet tegen de orthodoxie, werd hij ten tijde van de Iran-Irak oorlog een onderdeel van de propagandamachine van de Iraanse staat. Men gebruikte al-Halladj…

> …om het contrast tussen 'wij' – Iran – en 'de ander' – Irak en de andere Arabische landen – in oppositionele paren te benadrukken: liefdesmystiek versus strikte islamitische orthodoxie; de moeilijke weg van de spirituele liefde versus de gemakkelijke profane liefde; de Perzische Hallâdj tegenover de Arabieren in Bagdad; Hallâdj als onderdrukte tegenover het hof van de onderdrukker. (…) Natuurlijk werden de gedichten over Hallâdj gebruikt voor het mobiliseren van de jeugd en het idealiseren van de status die ze kunnen bereiken door hun leven op te offeren, maar ook belangrijk was het wegnemen van de

angst voor de dood. (...) Soldaten wisten dat Hallâdjs mystieke liefdesfilosofie een absolute zelfopoffering vereiste waarin geen plaats was voor angst. Deze elementen van de klassieke mystieke poëzie werden aangehaald ter rechtvaardiging van het geweld en om de dood zinvol en betekenisvol te maken.[113]

*

Onze gebruikelijke beeldvorming laat natuurlijk niet toe om dit soort vermengingen van religie, spiritualiteit, mystiek en politiek een heldere plaats te bieden. De dichotome wijze waarop we deze onderwerpen bekijken, zorgt er daarentegen voor dat we dergelijke realiteiten meestal volledig negeren of enkel oog hebben voor die elementen die de dichotomie telkens opnieuw bevestigen. Daardoor kunnen we ook in de media allerhande voorbeelden aantreffen van het bestendigen van ons foutieve denkkader. Zoals dat wel vaker het geval is, laten zij rond dit onderwerp immers geen enkele onderzoekende of kritische houding zien (wat sommigen misschien zouden verwachten) maar blijken zij vooral de dominante beeldvorming en denkkaders te herhalen en verder kracht bij te zetten.

5.

SOEFISME IN DE MEDIA

Tayyip Erdoğan

Om in te zien op wat voor verwrongen, tendentieuze en ideologische wijze onze media omgaan met islamitische mystiek, nemen we beste een grondigere kijk naar de portrettering van specifieke figuren. Daarom gaat dit boek dieper in op de beeldvorming rond Tayyip Erdoğan en Tahir-ul-Qadri.

We vatten aan met Tayyip Erdoğan die in 2003 voor de eerste maal eerste minister werd van Turkije. Na drie ambtstermijnen werd hij in 2014 president. Hoewel de president in Turkije in theorie een eerder ceremoniële rol speelt, bleef Erdoğan de facto de drijvende kracht achter het beleid van het land en dat beleid maakte hem steeds meer tot een controversiële figuur.

In de eerste jaren van zijn eerste ministerschap werd hij nochtans op handen gedragen door Westerse politici en kreeg hij weinig negatieve persaandacht. Gaandeweg echter, veranderde de publieke opinie en werd steeds sterkere kritiek geuit op zijn conservatieve en repressieve wijze van regeren. Om daar slechts enkele voorbeelden van te geven: in 2012 werd uitvoerig bericht over de betogingen en de maatschappelijke discussies die ontstonden na enkele uitspraken waarop hij het (in Turkije reeds lang bestaande) recht op abortus in twijfel trok,[114] in 2013 ontstond sterke internationale verontwaardiging over de hardhandige en autoritaire aanpak van de Gezi-protesten tijdens de welke een groot deel van de bevolking zijn ongenoegen uitte over de aan de macht zijnde regering[115] en in 2014 was men verbouwereerd toen Erdoğan een gloednieuw presidentieel paleis betrok dat meer dan 600 miljoen dollar koste en dat met zijn meer dan 1000 kamers de majestueuze grootteorde van Versailles benadert.[116]

Toen in juli 2016 enkele officieren van het Turkse leger een coup probeerden te plegen en daar faliekant in faalden, beschuldigde Erdoğan de Gülenbeweging van terroristische samenzweringen en greep hij het voorval aan om duizenden officieren, overheidswerkers en leerkrachten te ontslaan of zelfs te arresteren. In Turkije kon hij op heel wat bijval rekenen om de coup zo goed als onmiddellijk de kop in te drukken en op die manier een ondemocratische en door de brede bevolking niet gesteunde machtsovername te voorkomen. In de Westerse pers, daarentegen, werd hij sterk veroordeeld omwille van de grove en schimmige wijze waarop allerhande burgers zonder grondig onderzoek achter tralies werden gezet. Er werden vragen gesteld over de precieze hoedanigheid van de coup en de algemene teneur luidde dat Erdoğan zijn politieke tegenstanders zo op agressieve wijze monddood maakte.

Tayyip Erdoğan is dan ook maar bezwaarlijk een typisch voorbeeld te noemen van 'soefisme' of mystiek.

Niettemin behoorde Tayyip Erdoğan een tijd lang tot de naqsjbandi tariqa – één van de oudste en meest wijd verspreidde mystieke broederschappen in het huidige Turkije. Hij was immers verbonden met de Iskenderpaşa Dergah, een naqsjbandi gemeenschap uit Istanboel. Toen hij zelf ooit de vier grote invloeden opsomde die zijn persoonlijkheid maakten tot wie hij is, vermeldde hij zijn vader, de wijk waar hij was opgegroeid

(Kasımpaşa), zijn leerkracht in het lager onderwijs en de Iskenderpaşa Dergah.[117]

Uiteraard kunnen we Erdoğans politieke visie niet louter tot die door hemzelf verwoordde invloeden terugbrengen. Het zou bijvoorbeeld absurd zijn om zijn actieve lidmaatschap in de Milli Görüş organisatie te negeren.[118] Uit die beweging ontstonden immers de eerste twee religieus georiënteerde partijen van Turkije, de voorlopers van Erdoğans huidige AK partij. Maar het is minstens interessant te noemen dat hij zelf naar die specifieke naqsjbandi groepering verwijst, zeker indien we weten dat ook Necmettin Erbakan en Turgut Özal, beiden voormalige eerste ministers van Turkije, er lid van waren.[119]

Men kan zich dan ook de vraag stellen waarom deze naqsjbandi achtergrond van Erdoğan zelden expliciet benoemd wordt. Op zijn Wikipedia pagina vindt men dat niet terug, geen enkele journalist verwijst ernaar in politieke analyses en 'Turkije experten' vermelden het zo goed als nooit als een element van zijn ideologie. Nochtans kan zijn naqsjbandi achtergrond een verhelderend licht werpen op zijn gedachtegoed en beleid.

Eén voorbeeld daarvan is Erdoğans koppeling tussen religieus conservatisme en economisch liberalisme. In het discours van de Iskenderşa gemeenschap ziet men immers een sterke zoektocht naar de wijze waarop religieuze tradities, normen en waarden in overeenstemming kunnen gebracht worden met de moderne markteconomie en industrialisering. Hoewel in eerste instantie een spirituele gemeenschap, wordt er nadruk gelegd op een stevige werkethiek en actieve deelname aan het economische en maatschappelijke leven. Ondernemerschap wordt aangeprezen indien het niet in teken staat van persoonlijk winstbejag maar als doel heeft de Turkse samenleving te versterken (en op die manier te vrijwaren van onderdrukking door buitenlandse economische machtsstructuren).[120]

Dit alles is nauw verbonden met het profiel van de leden van de gemeenschap. Zoals Emin Yaşar Demirci in zijn onderzoek naar de gemeenschap aangeeft, hangt hun liberale economische visie immers samen met het feit dat ze in hoofdzaak tot de Turkse middenklasse behoren. Toch zeker in de jaren tachtig en negentig bleek uit een enquête dat de lezers van hun maandblad *Islam* overwegend "tot een moderne, hoog opgeleide, opkomende middenklasse behoorden. Oorspronkelijk kwamen ze van de traditionele middenlagen van de samenleving, vanwege hun sociale achtergrond waren ze doordrongen van slamitische waarden in soefivorm en omwille van hun scholingsniveau vertaalden ze deze idealen in een moderne retoriek."[121]

Een ander voorbeeld is Erdoğans 'politieke nostalgie' t.a.v. het Ottomaanse verleden. Binnen naqsjbandi kringen is dat 'neo-Ottomanisme', zoals het wel eens genoemd wordt, sterk aanwezig. Dat kan je o.a. goed horen in de speechen van iemand als de Turks-Cypriotische sjeik Nazim al-Haqqani, een prominente Naqsbandi figuur die ook heel wat Westerse volgelingen verkreeg. Deze bekende sjeik is ondertussen overleden, maar op internet kan men nog heel wat filmpjes terugvinden, zoals een filmpje uit 1994 waarin hij een volledig gevuld Antwerps sportpaleis toespreekt tijdens een bijeenkomst van de Milli Görüş organisatie. (Zoals in het filmpje ook te zien is, bevonden Necmettin Erbakan en Tayyip Erdoğan zich er trouwens onder de aanwezigen). Met behoorlijk opruiende woorden riep de sjeik op om de glorie van de Ottomanen te herstellen.[122]

Ditzelfde neo-Ottomanisme is ook een onmiskenbaar een prominent element in zowel Erdoğans retoriek als beleidsvoorstellen.[123] Daar krijgt men geregeld wel eens sprekende toonbeelden van te zien. Toen de protesten in Gezi-park uitbraken, was de concrete aanleiding een voorstel om het park te verwijderen en er winkelcentra te bouwen met het uitzicht van oude Ottomaanse legerbarakken die daar voorheen hadden gestaan.[124] In diezelfde periode steunde hij ook de keuze om de nieuwe brug over de Bosphorus naar Sultan Selim de 1ste te noemen, ondanks het protest van de Turkse Alevigemeenschap omdat net deze sultan gekend staat om zijn vervolging van Alevi's.[125] Eind 2014 ontstond er een felle maatschappelijke discussie over zijn voorstel om Ottomaans Turks op te nemen in het officiële schoolcurriculum.[126] En begin 2015, toen hij de Palestijnse president Abbas ontving voor een officieel staatsbezoek, liet hij zich zeer opzichtig omringen door zestien 'figuranten' in verschillende historische kostuums die elk een krijger voorstelden uit een keizerrijk van de Turkse volkeren.[127]

Dat alles wil niet zeggen dat Erdoğans aanpak consistent is met de leer die verkondigd werd binnen de Iskenderpaşa gemeenschap. Integendeel. Wanneer de belangrijkste leermeester in de geschiedenis van de gemeenschap heel wat spirituele nadruk legde op soberheid en daardoor sterke kritiek uitte op, bijvoorbeeld, al te dure gebouwen en flamboyante interieurs,[128] dan staat dat natuurlijk in schril contrast met bijvoorbeeld de bouw van het eerder vermelde presidentiële paleis. Het gaat hier echter niet om de 'zuiverheid' van Erdoğans 'soefisme'. Het gaat er louter om dat hij zonder twijfel beïnvloed werd door spirituele leiders en gemeenschappen die men standaard tot 'het soefisme' rekent.

Interessant genoeg geldt hetzelfde voor de Gülen beweging, die de laatste jaren uitgroeide tot één van Erdoğans grootste politieke vijanden. De Gülen beweging wordt immers geleid door de in Amerika residerende spirituele leider Fethullah Gülen, een man die zichzelf expliciet in de Turkse soefi tradities plaatst.[129] Hoewel Erdoğan's geschiedenis in de Iskenderpaşa gemeenschap weinig besproken wordt, wordt het 'soefisme' van de Gülenbeweging dikwijls extra in de verf gezet. Het wordt vaak aangehaald om de 'gematigdheid' van de beweging aan te tonen.

Omwille van haar gelijklopende centrum-rechtse en conservatieve religieuze ondertoon vond deze Gülenbeweging in eerste instantie heel wat aansluiting bij de visie van de AKP. Maar vanaf eind 2011 kwam zij steeds meer met de regerende partij op ramkoers te liggen. Reeds een jaar voor de coup beschuldigde Erdoğan de Gülenbeweging ervan een 'parallelle staat' op te bouwen binnen het politionele en justitionele systeem om zo de Turkse staat te ondermijnen. Verschillende Gülen-aanhangers met hoge maatschappelijke posities werden uit hun ambt ontzet, overgeplaatst of voor het gerecht gedaagd. Aan de Gülenbeweging gerelateerde instellingen werden gesloten (zoals, bijvoorbeeld, de door Gülen aanhangers opgerichte Asya Bank).[130] Maar ook de Gülenzijde gebruikt haar eigen mediakanalen (waaronder een paar prominente Turkse dagbladen) om het beleid van Erdoğan sterk te bekritiseren en maakte evenzeer gebruik van haar eigen netwerk binnen het juridische apparaat om tegenstanders aan te klagen.[131]

De coup van 2016 leverde volgens Erdoğan een bijkomend bewijs van het feit dat de Gülenbeweging inderdaad een groot gevaar vormde. De hardhandige aanpak van Erdoğan die het hele gebeuren gebruikte om duizenden mensen te arresteren of uit hun politionele en militaire posities te ontzetten, leverde volgens de Gülenisten dan weer het bewijs dat hij een autoritaire despoot was die hun beweging de nek wenste om te wringen. De Westerse media, vertoonde bijgevolg een tendens om de visie van de Gülenisten te onderschrijven. Om dat kracht bij te zetten linkten ze Gülen vlot met 'soefistische ideeën', terwijl Erdoğan steeds scherper werd afgeschilderd als een 'conservatieve autoritaire moslim'.

Zo kon men in de nasleep van de coup op de website van *De Standaard* een uitgebreid artikel lezen waarin onderzocht werd wie Gülen precies is en hoe zijn beweging in elkaar zit.* Het artikel schetst overwegend een zeer aimabel beeld van de beweging. Het citeert ook even Dries Lesage, een professor aan de Universiteit van Gent die de gangbare kijk niet volgt, en voegt zo een kritische noot toe over het feit dat, enkele jaren eerder, "de Gülenistische rechters en aanklagers honderden kemalistische legerofficieren en journalisten in de cel hebben doen belanden, daarbij ondersteund door de Gülen-gezinde media" Maar in hoofdzaak, spreekt het artikel vooral over Gülens focus op onderwijs, brengt het uitvoerig aan dat de beweging geen hiërarchische structuur kent en laat het verstaan dat Gülenisten politieke inmenging schuwen. Het vermeldt ook hoe Gülen zelf geïnspireerd werd door Saïd Nursi en omschrijft deze als "een Koerdische theoloog die het geloof vooral zag als een middel om onrecht, armoede en ongelijkheid te bestrijden." Dat betekent dat de auteur, tijdens het schrijven van zijn artikel, blijkbaar het onafhankelijke onderzoek over het hoofd zag waaruit bleek dat de Gülen beweging transparantie ontbeert en achter de schermen wel degelijk zeer hiërarchisch georganiseerd

---

* Ter herhaling van een vorige voetnoot in de inleiding: wanneer in dit boek de mediaberichtgeving rond 'het soefisme' geanalyseerd wordt, wordt daarvoor in hoofdzaak gebruik gemaakt van geschreven media uit Vlaanderen zoals De Standaard en Knack. Daar zijn enkele redenen voor. Een eerste methodologische reden is dat kranten, tijdschriften en hun websites gemakkelijker woordelijk te doorzoeken zijn dan beeld- of geluidsmateriaal van tv- en radio-omroepen. Een tweede methodologische reden is dat de gevonden berichten gemakkelijker te bewaren zijn voor eventuele latere referentie. Een derde en meer inhoudelijke reden is dat ze gezien worden als 'kwaliteitsmedia'. Van kwaliteitspers mag men immers grotere objectiviteit en onderzoeksgerichtheid verwachten. Wanneer die kwaliteitskranten toch lacunes laten zien, wordt het moeilijk om dat eenvoudigweg toe te schrijven aan 'slechte journalistiek' en wordt duidelijk dat het om dieperliggende patronen van beeldvorming gaat. Een vierde reden is meer moreel van aard: het zijn nieuwskanalen die ik zelf geregeld raadpleeg. Aangezien er verder geen enkele reden is om aan te nemen dat deze nieuwskanalen fundamenteel zouden verschillen van gelijkaardige kwaliteitspers in andere Europese taalgebieden, leek het vanzelfsprekend om in de eerste plaats de media van het land waar ik zelf woonachtig ben 'op de rooster te leggen'.

is.[132] Hij besefte blijkbaar evenmin dat de Gülen-beweging steeds heel wat moeite doet om nauwe banden te onderhouden met de politici van de landen waarin ze actief zijn.[133] En hij leek zich blijkbaar niet bewust van het feit dat Saïd Nursi ook een gespannen politieke verhouding had met de Turkse leiders van zijn tijd.[134]

De laatste paragrafen van het artikel hoeven dan ook niet te verwonderen. Ze laten niet alleen Gürkan Çelik, Serpil Aygün en Jenny White aan het woord (drie experten die zeer positief staan tegenover de Gülen beweging) maar het concludeert heel specifiek dat "zowel Aygün als Çelik zegt dat de islam die Gülen predikt, erg gematigd is. (...) White voegt eraan toe dat de islam die Gülen propageert, verwantschap vertoont met de Soefi-beweging, een mystieke vorm van religie."[135]

In het geval van Erdoğan, daarentegen, ging het een geheel andere kant uit. Geen journalist die onderzocht door welke stromingen hij ideologisch beïnvloed werd, geen opiniemaker die een link legde met de ideeën van de gemeenschap waartoe hij behoorde en geen analist die uitvlooide op welke manier zijn politieke ideeën precies samenhangen met zijn spiritueel-religieuze achtergrond. Op de website van de *BBC*, bijvoorbeeld, kan men een profielpagina aantreffen die zijn achtergrond beschrijft. Deze webpagina werd enkele dagen na de coup aangevuld en bijgewerkt. De titel werd ook aangepast van 'Recep Tayyip Erdogan: Turkije's gehavende strijder' naar 'Recep Tayyip Erdogan: Turkije's genadeloze president.' Deze biografische webpagina vermeldde enkel dat hij school liep in een islamitische school, dat hij actief was in islamistische (d.w.z politiek-islamitische) kringen en dat hij lid was van de partij van Necmettin Erbakan. Hoewel men in dat profiel ook vermeldde dat hij in 1999 enkele maanden in de gevangenis verbleef omdat hij publiekelijk een gedicht had voorgelezen dat volgens het gerechtshof een vorm was van religieus opruien van de samenleving, werd zijn specifieke religieus-spirituele motivatie niet verder onderzocht.[136] Nochtans, zoals werd aangegeven, zou dat noodzakelijke duiding kunnen bieden bij zijn ideeëngoed.

Als tekenend voorbeeld kan dat volstaan. We hoeven ons hier niet verder te verliezen in de details van de hedendaagse Turkse politiek. Voor een goed begrip van de vete tussen Erdoğan en Gülen moeten we nog heel wat verder terug in de tijd om de respectievelijke achtergronden van beide figuren te schetsen en moeten we een uitgebreidere geopolitieke analyse maken om het bredere kader te scheppen. Wat in de context van deze uiteenzetting van belang is, is louter de eenvoudige vaststelling dat er een politieke strijd woedt tussen verschillende figuren en groeperingen die zich allen tot 'het soefisme' bekennen.

Daarmee wordt uiteraard niet beweerd dat 'islamitische mystiek' de échte onderliggende oorzaak zou zijn van de politieke conflicten – wel integendeel, gezien de vele socio-economische en geopolitieke breuklijnen die in deze conflicten meespelen – maar het valt ook niet te ontkennen dat hedendaagse veruitwendigingen van islamitische mystiek een pertinent element vormen van het grotere geheel. Voor een goed begrip van de socio-politieke situatie in Turkije is enig inzicht in de leer en de werking van de verschillende 'soefimilieus' dan ook relevant. Niettemin, buiten enkele (en meestal vrij onbekende) academische publicaties, wordt de mystiek van Turkije zelden tot nooit met de politiek verbonden.

De verklaring daarvoor is echter niet ver te zoeken. Wanneer journalisten of opiniemakers achterhalen dat Erdoğan lid was van een mystieke soefi tariqa, dan worden ze plots met een probleem geconfronteerd. Ze kunnen deze informatie immers geen plaats geven binnen het heersende beeld over religie en maatschappij. Conservatief, autoritair en radicaal zijn is iets van 'dogmatische religie' en niet van mystiek. En mystiek geïnspireerden houden zich per definitie ver van politiek. Zo luidt toch de standaardtweedeling en wat daarbuiten valt, is maar moeilijk te begrijpen – waardoor het niet vermeld wordt of eenvoudigweg genegeerd.

Het hoeft dan ook niet te verwonderen dat dit alles niet enkel doorwerkt in de berichtgeving rond Erdoğan. In de berichtgeving rond Tahir-ul-Qadri, bijvoorbeeld, is het nog opzichter. Over het algemeen wordt de mystieke achtergrond van deze man sterk in de verf gezet en zijn politieke kant onderbelicht. Behalve wanneer die politieke kant te duidelijk wordt en men zijn soefi-achtergrond plotsklaps 'vergeet'.

TAHIR-UL-QADRI

De Pakistaanse Tahir-ul-Qadri (die ondertussen in Canada resideert) stelt zichzelf graag voor als een groot soefigeleerde. In die hoedanigheid worden zijn vele boeken ook gretig gelezen door zijn duizenden volgelingen uit de (hogere) middenklasse van Pakistan.[137] Hij werd ook door de internationale gemeenschap op handen gedragen toen hij in 2010 een meer dan zeshonderd pagina's tellende fatwa uitgaf die islamitisch terrorisme veroordeelde als incongruent met de islamitische leer. Hij kreeg uitgebreide interviews op nieuwskanalen zoals *CNN*,[138] in tijdschriften zoals *Foreign Policy Magazine*[139] en in programma's zoals Al Jazeera's *Frost over the World*.[140] Ook in Vlaanderen kreeg hij in *Knack* een interview van meerdere pagina's.[141] In 2015 doken gelijkaardige berichten op, toen hij een 'anti-extremisme' syllabus voor clerici, imams en leerkrachten lanceerde waarmee hij eerst in Groot-Brittannië en vervolgens in andere landen verschillende cursussen wou geven.

Ook daarover werd uitvoerig en positief bericht op internationale media-kanalen zoals *Reuters*[142] en *BBC*.[143]

Dat past natuurlijk in het plaatje. Een mysticus die zich uitspreekt tegen geweld en die vanuit zijn spiritualiteit een tegengewicht wil bieden aan radicalisering en terrorisme, wordt bejubeld. Alleen blijkt het voor nieuwsredacties bijzonder moeilijk om sommige nieuwsberichten over deze man die dat plaatje doorprikken, met elkaar te verbinden. In 2013 en 2014 was Tahir-ul-Qadri namelijk een prominente figuur tijdens verschillende langdurige periodes van politieke en sociale onrust in Pakistan. In een georkestreerde poging om in Pakistan een soort Arabische Lente te doen ontstaan, riep hij tot tweemaal toe op tot massale revolutie en trok hij met vele tienduizenden betogers (een pak minder dan de verhoopte één miljoen[144]) naar de hoofdstad. Hij klaagde er de corruptie aan en eiste het ontslag van de eerste minister – telkens met weinig resultaat en veel schimmige politiek tot gevolg.[145]

Wie slechts een beetje bekend is met de religieuze groeperingen van Pakistan weet dan ook dat achter zijn sociale, religieuze, educatieve en politieke Minhaj-ul-Quran beweging een stevig uitgebouwde organisatie schuilgaat. Het is niet altijd duidelijk waar deze haar fondsen haalt maar het is wel algemeen gekend dat ze nauwe banden onderhoudt met zowel het militaire apparaat als met bepaalde delen van het politieke establishment in Pakistan. Het hoeft in dat verband niet te verwonderen dat hij voorheen een eigen politieke partij had opgericht (de Pakistan Awami Tehreek) en dat hij tijdens zijn verzetspogingen in 2013 en 2014 de krachten bundelde met verschillende andere politieke boegbeelden en partijvoorzitters.

Niettemin, of het nu over zijn fatwa ging of zijn protestmarsen, telkens opnieuw werd Tahir-ul-Qadri in de westerse media omschreven als een figuur die uit de lucht viel. Wanneer het soefibeeld passend was, linkte men het op geen enkele manier aan zijn politieke optreden en wanneer hij politiek uit de hoek kwam, negeerde men zijn soefi-achtergrond – ook wanneer men voorheen over beide reeds berichtte.

Een kleine duik in de online archieven van *De Standaard* maakt dat snel duidelijk. In de zomer van 2015, toen ik mijn eigen kijkje nam in die archieven, kon men een tiental artikelen oprakelen die Tahir-ul-Qadri vermelden. Hij komt voor het eerst aan bod in 2010 n.a.v. zijn fatwa tegen terrorisme. In één van de twee artikelen daarover wordt vermeld dat hij "de leider [is] van Minhaj-ul-Quran, een beweging die zijn wortels heeft in de spirituele soefi-traditie binnen de islam. Minhaj-ul-Quran streeft naar vrede en verzoening en bepleit harmonie tussen de gemeenschappen." Op politiek vlak wordt enkel verwezen naar zijn veronderstelde goede banden met Benazir Bhutto "die in 2007 vermoord is door islamitische extremisten in Pakistan." Wat volgens het artikel betekent dat "radicalen hem als een even grote vijand als Bhutto beschouwen." Er wordt echter geen enkele melding gemaakt van zijn eigen politieke partij of zijn eerdere conflicten met regeringsleiders.[146]

In 2011 steekt hij opnieuw de kop op wanneer hij een betoging van vele duizenden moslims toespreekt. In dat artikel vindt men verder geen uitleg over wie hij precies is, behalve een verwijzing naar zijn fatwa.[147]

Het volgende artikel gaat over de anti-corruptie-betogingen van januari 2013 en het feit dat de Pakistaanse politie traangas inzette. Men vermeldt Tahir-ul-Qadri als leider van het protest en haalt aan dat er aanwijzingen zijn "dat Qadri de steun heeft van het Pakistaanse leger." Zijn fatwa van drie jaar eerder wordt niet meer vermeld en hij wordt omschreven als "een soennitische geestelijke, die voor een hervorming van het kiesstelsel pleit." Mystiek of soefisme zijn in het artikel nergens te bespeuren.[148]

Twee volgende artikelen gaan over de omwentelingen in juridische corruptieaantijgingen tegen verschillende ministers ten tijde van de protesten, maar vermelden Tahir-ul-Qadri vooral zijdelings, opnieuw als leider van de protestacties.[149]

Enkele maanden later volgt dan een artikel over de nakende verkiezingen waarin Tahir-ul-Qadri voor één keer niet alleen in verband wordt gebracht met de protesten en "het gerucht dat hij een pion is van de generaals", maar waarin hij ook als "een geestelijke uit de gematigde soefi-tak van de islam" wordt omschreven[150] – wat natuurlijk wel nog steeds behoorlijk ver af staat van "de gerespecteerde en hooggeplaatste moslimgeestelijke Sheikh ul-Qadri" zoals het in 2010 nog klonk in een artikel rond zijn fatwa.[151]

Een laatste reeks artikelen vermeldt hem opnieuw in een bericht over nieuwe protestacties, onrusten en daaruit volgende regeringsonderhandelingen in 2014. In elk van deze artikelen echter, blijkt niet hij maar politicus Imran Khan de drijvende kracht. Tahir-ul-Qadri wordt hier louter "een geestelijke" die samen met Khan eist dat de premier Nawaz Sharif ontslag neemt.[152]

Nochtans is men zich bij *De Standaard* bewust van het feit dat Tahir-ul-Qadri één en dezelfde figuur is die telkens opnieuw op verschillende wijzen aan bod komt. Op een korte profielpagina van drie zinnetjes kan men immers het volgende lezen:

> Muhammad Tahir-ul-Qadri (63) is een charismatische geestelijke uit de gematigde islamitische soefi-stroming met een grote en jonge aanhang. Hij verscheen in januari vorig jaar opeens ten tonele als protestleider en politicus. Hij woont in Canada en vliegt naar Pakistan als er geprotesteerd moet worden.[153]

Gezien de datum van de profielpagina (19 augustus 2014), vormden de protesten van augustus 2014 de aanleiding om deze op te stellen. De redactie grasduinde blijkbaar in het eigen archief en voegde zo goed en zo kwaad als ze kon, enkele van de verwarrende elementen samen. Dat men echter nog steeds niet goed begreep hoe de vork nu precies in de steel zit, wordt onder andere zichtbaar in het woordje 'opeens' in de tweede zin van de beschrijving. Tahir-ul-Qadri stichtte zijn politieke partij reeds in 1989 (dat wil zeggen, meer dan twintig jaar eerder) en komt dus geenszins plotsklaps als een soort deus-ex-machina tevoorschijn.[154] Daarnaast is ook de (behoorlijk absurde) laatste zin opvallend: "Hij woont in Canada en vliegt naar Pakistan als er geprotesteerd moet worden." Zo beschreven, lijkt hij wel een Pakistaans equivalent van een vakbondsafgevaardigde die in Antwerpen woont maar af en toe naar Brussel gaat voor een betoging. Kortom: een eigenaardige en schromelijk tekortschietende omschrijving van een man die nochtans naam en faam verwierf door de wijze waarop internationale en lokale media – *De Standaard* incluis – hem niet zo lang geleden uitgebreid aandacht schonken.

Ironisch genoeg gaan de media telkens weer op hetzelfde elan verder. Dat kan men zelfs zien in de verslaggeving van een internationaal gerespecteerd nieuwskanaal als de *BBC* (die daarenboven de nationale zender is van een land waar de Pakistaanse gemeenschap een belangrijke minderheid vormt). In 2010, toen zijn Fatwa verscheen, had de *BBC* enkel lovende woorden over voor Tahir-ul-Qadri. Ze noemden hem "een invloedrijke moslimgeleerde" en plaatsten zijn Minhaj-ul-Quran organisatie duidelijk in de soefi-traditie.[155] In de vele artikelen over de protestacties in Pakistan wordt echter niets van dat alles vernoemd en omschrijft men zijn achtergrond enkel nog met algemene bewoording als "een islamitische geestelijke" of wordt hij zelfs behoorlijk expliciet een "anti-overheidsgeestelijke" genoemd.[156] Net als in de berichtgeving van *De Standaard* werd hij gaandeweg steeds meer met politicus Imran Khan en het Pakistaanse militaire apparaat in verband gebracht. Meer nog, er verscheen ook een zeer kritisch artikel waarin uitvoerig bericht werd over vermoedelijke omkoperij van betogers. Verschillende getuigen bevestigden immers dat ze betaald werden om aan de protesten deel te nemen.[157] Desalniettemin, wanneer hij minder dan een jaar later in juni 2015 opnieuw op de proppen komt met zijn anti-extremismesyllabus, verwijst de auteur van de *BBC* verslaggeving (die door de *BBC* nochtans als een 'Religious affairs correspondent' wordt aangeduid) op geen enkel moment naar Tahir-ul-Qadri's rol in de Pakistaanse politiek. Hoewel ze zijn achtergrond niet bevraagt, herinnert ze de lezer wel aan ul-Qadri's fatwa uit 2010 en linkt ze hem op het einde van het artikel opnieuw expliciet aan het soefisme.[158]

Dergelijke beeldvorming wordt door figuren als Tahir-ul-Qadri – die in theorie wel prediken over spiritualiteit maar in praktijk de dikste vriendjes zijn met de elite van business en politiek – geregeld in hun voordeel gebruikt. Ze beseffen maar al te goed dat een soefi-imago in het buitenland de deuren opent. Om het wat onverbloemd te stellen: hoe meer ze zich voordoen als mystiek, hoe meer ze in het Westen aanvaard worden en hoe meer Facebook-likes dat oplevert.

Ik zag daar zelf een behoorlijk schrikwekkend voorbeeld van toen ik in december 2012, de hoofdkwartieren bezocht van ul-Qadri's Minhaj-ul-Quran in Lahore, Pakistan. Toen ik uit de Riksha stapte zag ik de aanbouw van een immense toren die hoog boven de kantoren uitstak. Ik herkende het bouwwerk meteen aangezien ik enkele jaren eerder nog Konya had bezocht, waar men het mausoleum van Rumi kan bezoeken. Omwille van Rumi's status als één van de belangrijkste soefi's uit de geschiedenis, is de minaret-achtige toren van zijn mausoleum – met zijn overweldigende vorm en zijn prachtige turkoize keramiektegels – een iconisch beeld van islamitisch mystiek. Doorheen de hele islamitische wereld is het gekend. Maar daar stond ik dan, in een stad op zo'n 5000 km daar vandaan, waar ik geconfronteerd werd met de megalomane bouw van een exacte replica. In de ogen van sommige mensen in het Westen versterkt dit waarschijnlijk Tahir-ul-Qadri's beeld als 'soefigeleerde', maar in de ogen van mensen in het Oosten versterkt dit heel eenvoudig zijn weinig mystieke arrogantie.

*

Diegenen die veel inspiratie halen uit de poëzie van de mystici en die zich bezighouden met de moderne literatuur over 'soefisme', worden soms wat onwennig wanneer ze de wat meer donkere kanten van islamitische mystiek onder ogen krijgen. Maar net als elke ander aspect van religie, gaat mystiek soms gepaard met machtsmisbruik, platte commerce, ondoordachte dweperij en/of intellectueel elitarisme.

Dat betekent helemaal niet dat we alles dan maar beter overboord gooien. Wel integendeel. De islamitische mystiek heeft ons veel te bieden. Niet alleen op persoonlijk, spiritueel vlak, maar ook op sociaal en cultureel gebied. Maar, indien we werkelijk willen achterhalen welke leven-gevende aspecten het te bieden heeft, moeten we eerst enkele problematische en alomtegenwoordige sociale en mentale patronen onder ogen zien. Onze omgang met mystiek in het algemeen en met islamitische mystiek in het bijzonder, is immers een treffend voorbeeld van de moderne disbalans tussen mythos en logos. Het ontbloot de hedendaagse disharmonie tussen jalal en jamal.

6.

DE AFBRAAK VAN JAMAL

DE JAMAL VAN MYSTIEK

Zoals uit het voorgaande meer dan duidelijk werd, was mystiek in het overgrote deel van de islamitische wereld niet iets 'aparts' en wel iets alledaags en van de hele maatschappij. Maar net omdat het zo 'standaard' was, net omdat het zo'n diverse uitingen kent, net omdat het zo wijdverspreid is, gaat het dikwijls ook gepaard met bepaalde uitwassen en donkere kanten.

Niettemin, wanneer we op dat vlak de terechte kritieken van de soefi's in het achterhoofd houden, wanneer we beseffen dat hypocrisie van alle tijden is en wanneer we toegeven dat missen menselijk is, dan kunnen we zonder problemen ook de reële en diepgaande waarde van de islamitische mystiek op het spoor komen. Want net omdat het zo 'normatief' is, net omdat het zo'n verschillende uitdrukkingen kent, is datgene wat men als 'soefisme' aanduidt in allerhande islamitische samenlevingen de gangbare uiting van mythologisch denken. Het is de gebruikelijke manier om de jamal-zijde van islam voldoende ruimte te geven.

Wat precies bedoeld wordt met 'mythologisch denken' en 'de jamal-zijde van islam', is waarschijnlijk niet voor elke lezer vanzelfsprekend. Hieronder volgt dan ook een korte uitweiding over logos en mythos, mannelijk en vrouwelijk denken en de jalal- en jamal-zijde van religie. Net zoals de vorige uitweiding over salafisme en petro-islam kan dit misschien op het eerste zich een zijspoor lijken maar, zoals duidelijk zal worden, zijn dergelijke concepten noodzakelijk indien we de realiteit en het belang van islamitische mystiek voldoende willen vatten.[*]

Mythos en Logos

Er is een taal van de logos en een taal van de mythos. De taal van de mythos gebruikt symbolen, spreekt in metaforen en vertelt verhalen om de wereld te duiden. Deze 'mytho-logica' is dan ook sterk aanwezig in religieuze denkwerelden. Mythes, rituelen en eeuwenoude verhalen beperken zich immers niet tot de logica van de rede. Ze bevatten verschillende betekenislagen. Ze bezitten zowel letterlijke, psychologische als metafysische aspecten. Ze roepen emoties op. Ze creëren bredere betekenisgehelen. Dat is ook waarom ze vaak een element van mysterie en 'sacraliteit' in zich dragen.

Anders gezegd: waar logos zich bezighoudt met de rationele en pragmatische aanpak van 'feiten' geeft mythos veeleer 'betekenis' aan diezelfde feiten. Waar logos toelaat om op een praktisch niveau met de wereld om te gaan, plaatst mythos de wereld in een groter zingevingskader.

Dr. D. Latifa vat het als volgt samen:

Mythos heeft te maken met het 'zinnig maken' van de

---

[*] Het boek *Fast Food Fatwa's: Over islam, moderniteit en geweld* gaat heel wat dieper in op deze en gerelateerde concepten. De lezer die ze in een breder kader wenst te plaatsen doet er dus goed aan dat boek ter hand te nemen.

complexe, vaak emotionele ervaring die het leven is. De bizarre verhalen van mythologie – en elke samenleving bezit er – waren niet bedoeld om letterlijk genomen te worden. Ze waren imaginair, psychologisch; metaforen voor situaties en ervaringen die tegelijkertijd zowel alomtegenwoordig zijn voor de mensheid als een krachtige impact hebben op het individu. Geboorte en dood, liefde en het verlies of verraad ervan, zijn bijvoorbeeld thema's van mythes die ons op verschillende niveaus 'raken'.[159]

Religieuze teksten, spirituele rituelen en traditionele verhalen bieden ons dan ook zelden een structurele analyse van onszelf, het universum of God(en). Ze bieden ons veeleer een visie (of misschien beter: 'een visioen') op de verbanden tussen datgene wat diep in ons schuilt en datgene wat ons allen overstijgt. Het zijn uitdrukkingen van een zoektocht naar ziel.

Mythos is dus geen kwestie van een hoop nonsensicale verhaaltjes. Het is wel een poging om de wereld existentieel 'te vatten'. Het is een voorwaarde om tot moreel en spiritueel zelfverstaan te komen. Of ze echt gebeurd zijn of niet, de verhalen, symbolen en metaforen van allerhande religies vertellen ons vaak veel meer over wie wij ten diepste zijn – als mensen met gevoelens en gedachten, angsten en verlangens, frustraties en dromen – dan een biologische of chemische analyse dat doet. Te weten komen uit welke atomen je bestaat, is immers niet wat het orakel in Delphi bedoelde met 'ken uzelf'. Begrijpen aan welke anatomische wetmatigheden je lichaam gebonden is, zorgt er nog niet voor dat je weet hoe je moet leven.

Zoals Karen Armstrong het schrijft is het dan ook "een vergissing om mythe als een inferieure denkwijze te zien, die men opzij kon zetten toen de mensen het tijdperk van de rede hadden bereikt. (...) We moeten onszelf ontdoen van de 19de-eeuwse dwaling dat mythe 'onjuist' en 'onecht' is."[160]

Mannelijk en vrouwelijk denken

Het mythologische denken is een meer vrouwelijke kijk op de werkelijkheid. Het is een meer relationele en intuïtieve manier van omgaan met onszelf, de anderen en de wereld. Het logische denken, daarentegen, is een meer mannelijke kijk op de wereld. Het is een meer feitelijke en gecategoriseerde manier van omgaan met onszelf, de anderen en de wereld.

Een mannelijke manier van denken manifesteert zich in lijnen, grenzen, categorieën, analyses, macht, kracht, recht, stabiliteit en geest. Een vrouwelijke manier van denken manifesteert zich in golven, fluïditeit, verborgenheid, ervaring, mysterie, zachtheid, emotie, onduidelijkheid en lichaam.

Het is natuurlijk niet zo dat enkel vrouwen mythologisch denken. Mannen kunnen en doen dat uiteraard evenzeer, net zoals vrouwen bijzonder rationeel uit de hoek kunnen komen. Het gaat hier dus hoegenaamd niet om een puberale tegenstelling tussen 'mannen van Mars' en 'vrouwen van Venus'. Het gaat wel over zoiets als het oude Chinese concept van yin en yang. Het gaat over tegenpolen op een continuüm die in iedereen en alles aanwezig zijn. In de socio-psychologie van de moderniteit echter, werden de meeste van deze tegenpolen aan 'het vrouwelijke' of 'het mannelijke' toegekend. 'Passiviteit', bijvoorbeeld, wordt als vrouwelijk ervaren, 'activiteit' als mannelijk; 'natuur' wordt als iets vrouwelijks gezien, 'beschaving' als iets mannelijks; 'zorgzaamheid' bezit een vrouwelijke bijklank, 'leiderschap' een mannelijke; enz.

De Nederlandse taal laat op dat vlak trouwens een

interessante beperking zien. Wij kennen immers geen genderloos concept zoals 'yin en yang' dat ons toelaat om over dergelijke tegenpolen van het bestaan te spreken. Om dit soort 'dimensies van het bestaan' aan te duiden, kunnen wij enkel gebruik maken van de concepten 'vrouwelijk' en 'mannelijk'. En wat men dagelijks kan vaststellen, is dat datgene wat wij met het vrouwelijke en mythologische associëren, steeds verder werd weggeduwd ten voordele van datgene wat wij met het mannelijke en logische associëren. Als gevolg daarvan worden we vooral als 'succesvol' gezien wanneer we bepaalde intellectuele machtsposities verwerven – wat af te lezen valt uit het aanzien dat wordt toegeschreven aan beroepen zoals professor, politicus of rechter – of wanneer we economische rijkdom vergaren door 'slim' te onderhandelen – wat af te lezen valt uit de maatschappelijke status die aan CEO's van multinationals wordt verleend.

Jamal en Jalal

De islamitische traditie kent haar eigen (en niet-gendergebonden) concepten om over 'logos' en 'mythos' of 'mannelijk' en 'vrouwelijk' denken te spreken. Men verwijst er naar zowel de spanning als het evenwicht tussen 'jalal' en 'jamal'.

Deze termen zijn twee dimensies of 'attributen' van het goddelijke die thuishoren in een uitgebreidere serie van '99 Namen van God'. Deze reeks omvat namen als 'De Vredevolle, 'De Schepper', 'De Rechtvaardige', 'De Subtiele', 'De Alwetende', enz. In het licht van deze namen wordt God met al-Jalal aangeduid als 'de Majestueuze' terwijl al-Jamal God omschrijft als 'de Wondermooie'. Deze twee termen krijgen extra belang wanneer ze, samen met de term 'kamal', als een soort 'koepeltermen' gebruikt worden om de verschillende namen, attributen of dimensies van het goddelijk in onder te brengen. Seyyed Hossein Nasr zette dat als volgt uiteen:

> De Koran stelt: "Aan God behoren de meest prachtige Namen (al-asma' al-ḥusna). Roep Hem daarmee aan." (7:180). Deze Namen worden onderverdeeld in termen van Perfectie (kamal), Majesteit (jalal) en Schoonheid (jamal), waarbij de eerste relateert aan de essentiële eenheid van God zelf voorbij alle polarisatie en de laatste twee aan de mannelijke en vrouwelijke dimensies van de realiteit in divinis (in de Goddelijke Orde). De Namen van Majesteit omvatten de Rechtvaardige, de Majestueuze, de Afrekenaar, de Brenger van Dood, de Overwinnaar en de Almachtige, en die van Schoonheid omvatten de Meest Barmhartige, de Vergevende, de Zachtaardige, de Genereuze, de Mooie en Liefde. Voor moslims bestaat het hele universum uit de reflectie van verschillende combinaties van de Goddelijke Namen, en het menselijke leven wordt geleefd middenin de polarisaties en spanning evenals middenin de harmonie van de kosmos en de verschillende menselijke kwaliteiten die uit deze Namen voortvloeien. Terzelfdertijd worden wij door God berecht volgens Zijn Rechtvaardigheid en worden we vergeven volgens Zijn Genade. Hij is ver buiten ons bereik, maar zetelt ook in het centrum van het hart van de gelovige. Hij straft de kwaden, maar hij heeft Zijn schepselen ook lief en vergeeft hen.[161]

Zoals Nasr aangeeft, zijn Gods namen niet louter abstracte theologische concepten over Gods wezen. Ze zijn ook 'spiegels' voor de ziel. Tegenover het goddelijke vraagt een gelovige zich af hoe liefdevol, rechtvaardig of mededogend hij zelf is. De Namen van God doen een gelovige nadenken over de wijze waarop die verschillende dimensies in zijn eigen leven vorm nemen. En net zoals de mens zichzelf in termen van deze dimensies kan bekijken, kunnen we ook religies bekijken op basis van gelijkaardige facetten. De geschiedenis, theologie en spiritualiteit van religieuze tradities kennen immers evenzeer allerhande dimensies van zowel rechtvaardigheid als mededogen, van zowel heerschappij als vergiffenis, van zowel macht als liefde.

Het is daarbij van groot belang dat behoorlijk wat elementen in de islamitische traditie doen uitschijnen dat de jalal-dimensie aan banden moet gehouden worden door de omzwachteling van de jamal-dimensie – zowel wanneer het God, de mens of religie betreft. In traditioneel islamitisch opzicht, ontstaat de balans immers niet vanuit een soort half-half evenwicht waarbij men netjes 50 procent jalal en 50 procent jamal met elkaar combineert. De werkelijke recht-vaardigheid kan pas ontstaan wanneer ze door een veel groter mededogen wordt omgeven. In een tekst over vergiffenis en rechtvaardigheid, gaf Abdal Hakim Murad ooit aan hoe we dat o.a. kunnen afleiden uit de aanwezigheid van Gods aspecten van jalal en jamal in de Koran.

> In de Koran is God rechtvaardig en vraagt hij om recht-vaardigheid; maar hij is ook vergevend en hij vraagt ook om vergiffenis; meer nog, de verwijzingen naar dat laatste kenmerk overtreffen die naar rechtvaardigheid in een verhou-ding van ongeveer tien tegen één.[162]

Een zelfde evenwicht kunnen we natuurlijk doortrekken naar mythos en logos. Het mythologische denken behoort tot de jamal-zijde van zowel onze persoonlijke als onze maatschappelijke psychologie. Het logische denken behoort tot de jalal-zijde van zowel onze individuele als onze gemeen-schappelijke psychologie. Men kan zich dan ook de vraag stellen of de jalal van het intellectuele, rationele, logische denken niet op een gelijkaardige wijze in balans moet gehouden worden door de jamal van intuïtie, relatie en ziel. Men kan zich afvragen of logos niet omzwachteld moet worden door mythos.

Los van de filosofische en theologische vraag wat de meest 'gezonde' verhouding precies is tussen jalal en jamal, tussen logos en mythos, mag in elk geval duidelijk zijn dat de islam, net als andere religieuze tradities, zowel een zoektocht naar waarheid kent als een zoektocht naar schoonheid. De uitbouw van moraliteit en kennis wordt er dus steeds in evenwicht gehouden door de spontaniteit van verbeelding en spiritualiteit. En die verbeelding en spiritualiteit veruitwendigt zich al eeuwenlang in verschillende vormen van islamitische mystiek.

DE JAMALLOOSHEID

VAN EXTREMISME EN MODERNISME

Zowel rigide modernisme als islamitisch extremistisme laten de traditionele zoektocht naar balans tussen mythos en logos, tussen jamal en jalal achterwege. 'Religie' wordt overmatig met de jalal-zijde van overtuiging en regelgerichtheid geassocieerd en de jamal-zijde van intuïtie en symboliek wordt als aparte 'spiritualiteit' omschreven. Religie wordt een wereld van hardnekkige, strikte, machtsbeluste overtuigingen en spiritualiteit wordt een wereld van zweverige, vluchtige, louter persoonlijke ervaringen.

Zo wordt religie – en bij uitstek de islam – in ons moderne wereldbeeld gereduceerd tot absurde, primitieve regels of tot bepaalde fases van haar geschiedenis. De meest regelgerichte en onderdrukkende vormen van religie worden telkens opnieuw als 'werkelijk religieus' omschreven. En net dat is wat fundamentalistische ideologen ook doen. Ook zij pretenderen immers dat ze de 'zuivere islam' aanhangen omdat hun islam in enkele vormelijke aspecten overeenkomt met een specifiek tijdsgewricht. Ook zij beweren de 'werkelijke islam' te volgen omdat ze er welbepaalde dogmatische interpretaties op na houden.

Daarenboven wordt alles wat met diepere spiritualiteit te maken heeft door beiden evenzeer naar het verdomhoekje geduwd. In een modernistisch wereldbeeld, dat vooral nadruk legt op het belang van onze ratio, krijgt spiritualiteit enkel in de marge een plaats als een soort vrijblijvende 'hobby' die weinig relatie heeft met het vormgeven van een vredevolle samenleving. En in de extremistische islam wordt het ofwel afgedaan als een verwestersing ofwel als ondergeschikt gezien aan de essentie van het geloof dat zich zogezegd vooral in concrete mentale overtuigingen veruitwendigt.

Zowel doorgedreven modernisme als doorgedreven salafisme creëren dus een denkkader waarin het mythologische denken steeds verder wordt weggeduwd. Eerst wordt de band tussen jalal en jamal doorgesneden, vervolgens worden ze als antagonismen tegenover elkaar geplaatst alsof het vijanden zijn in plaats van balancerende onderdelen van een groter geheel en uiteindelijk onderdrukt en vertrappelt de 'logica' van jalal de 'mythologica' van jamal.

Er bestaat geen sprekender voorbeeld van deze dynamiek dan dan de hedendaagse afbraak van gezonde, dagdagelijkse mystiek die zich sterk binnen de jamal-zijde van religie plaatst. Aan de extremistische kant wordt het dagdagelijkse mythologische denken – en de bijhorende culturele diversiteit – dogmatisch de nek omgewrongen en is men verrast dat het toch niet volledig verdwijnt, waarna men het nog wat harder de kop probeert in te slaan. Maar aan de modernistische kant wordt het bestaan ervan eerst ontkend, vervolgens is men door het dolle heen wanneer men het toch tegen het lijf loopt en tot slot maakt men er zo snel mogelijk een consumptieproduct van om het uit te stallen tussen de yogacursussen en de kookboeken.

Doorheen dit alles wordt ook vaak over het hoofd gezien dat dit laatste aspect – d.w.z. de commercialiteit van spiritualiteit – waarschijnlijk één van de meest nefaste pletwalsen is van mythologische mystiek in het algemeen en islamitische jamal in het bijzonder.

DE COMMERCIALITEIT VAN SPIRITUALITEIT

In sommige spirituele milieus ligt mystiek – en dus ook islamitische mystiek – zeer goed in de markt maar net omdat die markt er zich zo vaak mee moeit, loopt het ook geregeld fout. Wanneer men zich op een moderne manier aan mystiek en spiritualiteit waagt, zorgt men dan ook dikwijls voor een bevestiging van problematische maatschappelijke patronen – al menen velen dat ze net ingaat tegen het dominante (en overmatig) rationele wereldbeeld door zich meer op het mystieke te richten.

Uiteraard is deze bemerking niet bedoeld als een gratuite veralgemening. Behoorlijk wat mensen voelen zich oprecht geïnspireerd door (islamitische) mystiek. Ze weten de gangbare denkkaders wel degelijk te doorprikken en slagen erin om tot een dieper niveau door te dringen. Niettemin is opvallend hoe een grote hoeveelheid spirituele zinzoekers steevast vertrekt vanuit dezelfde foutieve tweedeling die doorheen dit boek telkens opnieuw aan bod kwam. Ze stellen het soefisme dan voor als mooi en zacht terwijl ze de 'religieuze islam' als problematisch beschouwen. Ze rukken de wortels van het soefisme uit de vruchtbare grond van de islam en laven zich aan verwaterde versies in toeristische restaurants, New Age boeken of relaxatiecd's. Ze ontdoen het van de religieuze God-gerichtheid en maken er de nieuwste aanwinst van in het reeds brede gamma van de zelfontwikkelingssector en de gelukscultus.

Vooral de muziek, de dans en/of de hasjiesj worden dan populaire elementen. Voor de diepere traditionele elementen heeft men weinig interesse, laat staan dat men het stevige theologische en expliciet islamitische denkkader – waarin de islamitische mystiek nochtans zijn oorsprong vindt – verder tracht uit te vlooien. Kortom: hoe goedbedoeld de interesse in sommige elementen van islamitische mystiek ook mag zijn, de modernistische dualiteit van religie vs. spiritualiteit wordt meestal niet doorbroken. Ze wordt zelfs versterkt door helemaal op te gaan in de flowerpower van een exotische spiritualiteit en die elementen te weren die men als 'te strikt religieus' bestempelt.

Sommigen gaan daarin nog een stap verder. Op een verrassende manier proberen ze zich immers de essentie van het soefisme toe te eigenen. Wanneer ze opnames zien van een grote groep mannen die hun lichamen in een vaste cadans heen en weer schudden terwijl ze een zin uit de Koran herhalen en zo een collectieve trance opwekken of wanneer ze over de wervelende drugservaringen horen tijdens één of andere pelgrimstocht, heeft dat in hun ogen weinig met mystiek te maken. Het ritmische groepsgebeuren waarin het individu zich totaal verliest komt hen als agressief over en beschouwen ze als een vorm van collectieve religieuze hysterie waar werkelijke spiritualiteit niets mee te maken heeft. Echte mystiek vertrekt volgens hen van poëtische verzen die ons helpen om het eigen innerlijk en in de sereniteit van de stilte contact met het goddelijke te zoeken.

We kunnen mystiek echter niet reduceren tot de individuele beleving van een hoogst persoonlijke ervaring. De eenheidservaring met het goddelijke die door de gedichten en de liederen van de grote soefi's beschreven wordt is niet louter iets van 'ontritualiseerde' en 'zelfzoekende' spirituele individuen. Het is een mystieke extase die ontstaat op het onverwachte moment dat men zich geheel en al opgenomen weet in het goddelijke. Dat kan iemand te beurt vallen in de diepte van de stilte maar het kan zich ook aandienen in de passie van de massarituelen. Mystiek is niet enkel een kwestie van op een bergtop zitten of door de woestijn dwalen en er een transcendente ervaring opdoen. Het kan zich even goed veruitwendigen in een uitzinnig groepsgebeuren waarbij men de ziel uit het lijf danst, koortsig zingt om de woorden van heiligen terug in het leven te roepen of herhaaldelijk bepaalde woorden schreeuwt om diepe emoties richting God te zenden.

Daarenboven zijn de diepe mystieke verzen van de poëten nauw verbonden met de volkse uitingen van devotie aangezien in de extase van de massa steevast de gedichten van de grote mystici weerklinken en aangezien de grote mystici zelf geregeld momenten van uitbundige extase kenden. Zoals Lewis beschrijft: "In de extatische trance van de sema [i.e. de bijeenkomst tijdens de welke men rituele gebruiken zoals dhikr en/of wenteldansen uitvoerde], scheurden Soefi's dikwijls hun mantel of hemd open; poëten verwijzen hier veelvuldig naar en dat het daarbij om meer ging dan louter hyperbolen of metaforen blijkt uit het feit dat ook Soefi handleidingen zoals de *Kashf al-mahjub* and *Talbis-Eblis* het bevestigen."[163]

Het idee dat de meer flamboyante uitingen van islamitische mystiek 'minderwaardig' zouden zijn, staat daardoor bol van de ironie. Men weet zichzelf immers geïnspireerd door verzen van Roemi of Hafez maar beschouwt een uitbundig zingende menigte die dezelfde verzen scandeert als 'onspiritueel'. Hoewel men dus voorstander is van de 'diepere spirituele vrijheid' die men in 'het soefisme' ontdekt, ontneemt men zo aan miljoenen mensen de vrijheid om een grote variëteit aan eeuwenoude mystieke uitdrukkingen van de islam te beleven omdat ze toevallig niet overeenkomen met het eigen meditatieve beeld van mystiek.

Zo'n spirituele arrogantie is in sommige opzichten zelfs behoorlijk 'salafistisch'. Men denkt immers te kunnen bepalen wat 'zuivere mystiek' is. Meer nog, men gaat zich toespitsen op de oorspronkelijke tekstuele bronnen van de soefipoëzie en men gaat het voorstellen alsof de volkse veruitwendigingen van mystiek die daaruit voortkwamen een soort 'degeneraties' zijn van een specifieke 'oorspronkelijke' spiritualiteit.

Daarnaast zijn protagonisten van dergelijke 'intellectualistische mystiek' er zich vaak evenmin van bewust dat het soefisme van de zelfontwikkelingssector een even grote vlucht kan betekenen als de drugs van pelgrims die in een roes rond het graf van een heilige draaien. Door de zelfgerichte en louter verinnerlijkende houding maakt men het immers tot iets wolligs en zweverigs dat maar zelden in relatie staat tot het concrete leven of de uitbouw van de samenleving. Men ontdoet mystiek en spiritualiteit van elk scherper kantje en gebruikt het louter als een middel om zichzelf wat goed te voelen of om de complexiteit van de wereld te negeren.

In de verschillende vormen van hedendaagse commerciële spiritualiteit kan men dus dezelfde ontkoppeling van jamal en jalal aantreffen die ook de modernistische en salafistische kijk op religie doordrenkt. De jamal van mystiek wordt er immers evenzeer gecontrasteerd met de rationele moderne samenleving in plaats van beide dimensies opnieuw met elkaar te verbonden.

Evenmin erkent vercommercialiseerde spiritualiteit hoezeer mystiek en spiritualiteit niet alleen dimensies van jamal bevatten maar even goed van sterke jalal. Want hoezeer mystiek ook met

de jamal-zijde van religie verbonden is, het valt er geenszins mee
samen. Wie de reikwijdte van mystiek werkelijk wil begrijpen,
moet ook de jalal-kant van mystiek erkennen.

Een eerste voorbeeld daarvan is de wijze waarop mystiek de
gevestigde regels met de voeten kan treden en de
maatschappelijke normen op zijn kop kan zetten. Want al kan
traditionele volkse mystiek soms zeker een problematische
vlucht betekenen, tegelijkertijd bevat het heel vaak ook een stevig
en mannelijk 'punk' element. In de passionele, uitzinnige en
geestverruimende rituelen ontstaan bijvoorbeeld mogelijkheden
om 'helemaal zichzelf te zijn' en zich af te zetten tegen de
normen van de maatschappij. Het mag, m.a.w. al eens 'geschift'
en 'subversief' zijn. Zo zijn er behoorlijk wat verhalen gekend
van soefi's die naakt rondliepen en die vanuit hun naaktheid een
kritische tegenstem lieten horen.[164]

Een tweede voorbeeld is de wijze waarop spiritualiteit en
mystiek doorheen de eeuwen vaak opriepen tot (al dan niet
geweldloos) verzet. Het is immers net de innerlijke bewogenheid
van de 'geraaktheid door God' die de mystici er toe aanzette om
het eigen ego opzij te zetten, tegen de machthebbers in te gaan
en maatschappelijke omwenteling te eisen.[165]

*

Het dagdagelijkse mythologische denken van de islam en de
uitingen daarvan doorheen rituelen, verhalen, poëzie, symbolen,
muziek en trance – zowel in de meer volkse als de meer
intellectuele uitingen – zorgden eeuwenlang voor 'alternatieve
realiteiten'. Ze laten miljoenen mensen in een geesteswereld
binnentreden waarin ze tot ongekende dieptes in hun ziel
kunnen afdalen of net tot onvermoede geestelijke hoogtes
kunnen opklimmen. Maar zowel een doorgedreven rationeel
wereldbeeld als oppervlakkige commercialiteit, zowel religieus
fundamentalisme als opportunistische seculiere politiek zorgen

er al vele jaren voor dat de verschillende facetten van de islamitische mystiek op heel wat plaatsen in vlammen op gaan – en soms vrij letterlijk.

In het volgende korte hoofdstuk kunnen de onderliggende dynamieken van dat alles eindelijk worden samengevat. Zo'n samenvatting zal ons immers de mogelijkheid bieden om 'de politiek van mystiek' volledig te ontbloten – om vervolgens, in de laatste twee hoofdstukken, naar uitwegen op zoek te gaan.

7.

DE POLITIEK VAN MYSTIEK

Vanuit de hedendaagse en behoorlijk commerciële visie dat spiritualiteit louter iets persoonlijks is dat altijd vlot verteerbaar moet zijn, omschrijft men het soefisme als de open, tolerante en vrije versie van islam. Maar wanneer we dat doen, stellen we eigenlijk dat de meer rigoureuze invulling de norm is. Anders gezegd, al wordt het soefisme heel vaak vol goede bedoelingen naar voren geschoven om 'een andere en mooie kant' van de islam te laten zien, net door het 'een *andere* kant' te noemen, bevestigen we alleen maar het idee dat de '*échte*' islam intolerant, onspiritueel en onvrij is.

Op die manier ondersteunen we telkens opnieuw de visie van de al te dogmatische fundi's. Want ook zij stellen het soefisme voor als een uitwas, als iets dat niet tot de normale islam behoort. Ook zij beweren dat hun regel- en tekstgerichte interpretatie de échte islam is. Ook zij negeren dat de mystieke geloofsbeleving in haar verschillende gedaanten – en met alle culturele mengvormen die daarmee gepaard gaan – in grote delen van de islamitische wereld eigenlijk de dagelijkse realiteit is. (Of althans, tot voor kort de dagelijkse realiteit was.)

Inhoudelijk is er natuurlijk een verschil. Voor modernistische, geseculariseerde geesten is religie iets inherent problematisch. Voor conservatieve fundamentalisten, daarentegen, is religie net de volmaakte oplossing voor al hun problemen. De ene wil er zo veel mogelijk van af, de andere wil er meer van. Maar de onderliggende visie op religie is wezenlijk dezelfde: religie wordt voorgesteld als een afgelijnd pakketje met bepaalde regels, gebruiken en overtuigingen die patriarchale agressie legitimeert. De diverse meer flexibele, ongedefinieerde, spirituele, mystieke en mythologische aspecten worden erbuiten geplaatst – hoewel net zij eeuwenlang de norm waren.

Fundi's komen met andere woorden goed van pas in de huidige geopolitieke context. Ze helpen om de islam blijvend als inherent gevaarlijk en problematisch af te schilderen waardoor onze politieke acties in en tegen islamitische landen op goedkeuring kunnen rekenen. Omgekeerd geldt hetzelfde natuurlijk: het Westen afdoen als een goddeloos en antireligieus blok dat moslims niet toelaat om hun religie in alle 'zuiverheid' te beleven, helpt ook voor fundi's om een achterban te creëren.

Zo komen we stevig vast te zitten in een vicieuze cirkel. Wat de uitzondering is, wordt steeds meer tot norm uitgeroepen – hoewel de feiten het tegenspreken – en datgene wat de norm is wordt als uitzondering afgeschilderd – hoewel het alomtegenwoordig is. Vanuit de groeiende overtuiging (aan beide kanten) dat de 'standaardislam' een beknellende religie is van brullende baardenmannen, is men dan ook telkens opnieuw verrast wanneer een ander beeld zich aandient.

Op die manier wordt het natuurlijk behoorlijk absurd. Eerst zorgen we ervoor dat het mystieke en mythologische denken uit ons wereldbeeld verbannen wordt (of toch minstens 'geprivatiseerd') en vervolgens staan we vol verbazing te kijken wanneer we het ergens aantreffen als een traditioneel en gevestigd onderdeel van een samenleving.

De hedendaagse 'politiek van mystiek' mag dus duidelijk zijn: het soefisme blijvend afdoen als apart, aan de marge of onislamitisch helpt uiteindelijk vooral om filosofisch, politiek en maatschappij-psychologisch het vijandsbeeld in stand te houden. Wie agressief is, is zogezegd een 'échte' moslim maar wie mystiek is, wordt als 'gematigd' gezien. Wie soefi is, houdt zijn religie zogezegd privé maar wie de ander van zijn gelijk wil overtuigen, wordt verondersteld de islam te volgen. Dergelijke onzinnige en foutieve tweedelingen komen niet alleen voort uit ons modernistische denkkader, ze bestendigen dat kader ook telkens opnieuw, ze versterken het gangbare idee van 'botsende beschavingen' en ze legitimeren de hedendaagse conflicten.

Al denkt men dus vaak dat er een groot gevaar schuilt in religie op zich, *de vernauwde kijk op* religie houdt vandaag meer conflicten in stand. Het moderne onderscheid tussen religie en spiritualiteit en de karikatuur die daardoor van 'het soefisme' wordt gemaakt, zorgt onmiskenbaar voor een uitvergroting van een vijandsbeeld dat niet alleen bepalend is voor onze globale geopolitiek spanningen maar uiteindelijk zelfs mee aan de basis ligt van een denkwijze die oorlogen legitimeert.

Zowel in Oost als West zorgt dergelijke kortzichtigheid ervoor dat de ruimte voor diep gewortelde spiritualiteit en alledaags mythologisch denken aan een razend tempo inkrimpt. De hedendaagse 'politiek van mystiek' veroorzaakt nu eenmaal een dubbele destructie: de ene verkettert en verbrijzelt het, de andere zet het apart en holt het uit.

8.

VOORBIJ DE TEGENSTELLINGEN

Heiligen

Gelukkig zijn de uitdrukkingen van het mythologische denken en de islamitische mystiek nog lang niet volledig verdwenen. In dit boek werden daarvan al verschillende voorbeelden gegeven. Op heel wat plaatsen kan men immers nog steeds prachtige pareltjes terugvinden. In Marokko worden gnawa rituelen nog dagelijks uitgevoerd, de gedichten van de Perzische Hafez zijn in vele talen verkrijgbaar en de soefiana kalam is springlevend wanneer een Pakistaans of Indisch publiek aan de lippen hangt van een zangeres als Abida Parveen.

Zo zat ik op een dag samen met Muazzam Fateh Ali Khan en spraken we over de hedendaagse vormen van mystieke qawwalimuziek. Mauzzam wordt als één van de belangrijkste qawwalizangers beschouwd en is waarschijnlijk de waardigste opvolger van de man die deze muziekstijl wereldwijde bekendheid gaf: Nusrat Fateh Ali Khan – tevens Muazzam's nonkel. Tijdens ons gesprek kwamen spontaan enkele toonbeelden van jamal bovendrijven. Muazzam vertelde me immers hoe de essentie van de qawwali niet zozeer in de muziek, de instrumenten of de zang verscholen zit, maar wel in de inhoud van de teksten. De liederen zijn stuk voor stuk opgebouwd uit de verzen van de grote poëten en mystici uit de islamitische traditie. En hij voegde eraan toe:

> Je kunt deze muziek enkel goed brengen als je helemaal 'opgenomen' wordt in de woorden. Je moet je helemaal overgeven aan de heilige en de boodschap die je op dat ogenblik bezingt.[166]

Het is vandaag de dag natuurlijk wat eigenaardig om over 'heiligen' te spreken. Maar dat is opnieuw alleen maar eigenaardig binnen een wereldbeeld dat geen plaats meer laat voor mythologisch denken of de jamal-zijde van religie. Het is alleen maar eigenaardig binnen een denkkader dat niet verstaat wat het belang kan zijn van spirituele symbolen en mystieke metaforen.

De heiligen zijn niet meer of minder dan personen die er volgens de traditie in slaagden om hun egoïsme en egocentrisme te doorbreken en vanuit een veel diepere en grotere liefde te leven. Het concept 'heiligen' gaat dus niet over extreme vroomheid of het prediken van bepaalde geloofswaarheden. Het concept 'heiligen' gaat in de eerste plaats over verhalende voorbeelden van figuren die er op één of andere manier in slaagden om de groezelige aspecten van het leven te overstijgen en hun ziel te openen.

Of bepaalde heiligen nu echt bestaan hebben of niet, hun belang zit bovenal in hun mythologische kracht. Het zijn vooral metaforische figuren die doorheen verschillende verhalen een plaats geven aan allerhande existentiële, morele, spirituele en psychologische elementen in het leven van de gelovige.

Dat soort verhalende, metaforische voorbeelden in de vorm van herkenbare figuren, tref je doorheen de geschiedenis in alle tradities aan. De wijze waarop men binnen de islam omgaat met de soefi's is daarvan slechts een bijzonder uitgesproken illustratie. Want hoewel de mystieke uitingen van de islam kunnen variëren van zeer meditatieve contemplatie tot uitbundige passie, telkens opnieuw staan de profeet, de wijzen en de heiligen daarin centraal. Soms worden hun oude poëtische verzen gereciteerd, soms wordt een stuk van hun levensverhaal herdacht en soms wordt een ritueel herhaald dat zij initieerden. Ze worden geassocieerd met symbolen, kleuren en dagelijkse gebruiken. Zij – en hun verwijzingen naar God – staan centraal in mausoleabezoeken, pelgrimstochten en muzikale bijeenkomsten.[*]

Wanneer we op die manier de soefi's terug centraal plaatsen in 'het soefisme', dan wordt plots ook duidelijk waarom het zo lang zo vaak zo fout begrepen werd. Want zoals eerder in dit boek reeds werd aangegeven, wordt het woord 'soefi' in principe voorbehouden voor de spirituele grootheden, voor diegenen die een hoog mystiek niveau hadden bereikt – de heiligen dus. Wie daarop doordenkt kan echter concluderen dat de term 'soefisme' zo veel betekent als 'heiligenisme' en dat we de aanhangers ervan omschrijven als 'heiligen'.[†]

---

[*] Een uitzonderlijk wijd verspreid en zeer dagelijks voorbeeld daarvan is de 'hamsa'. In verschillende delen van de (islamitische) wordt dat symbool als een amulet opgehangen of gedragen om zich te behoeden voor het kwaad (of meer specifiek voor 'het boze oog'). Soennieten associëren het in hoofdzaak met Fatima (de dochter van de Profeet en de vrouw van Ali) die omwille van haar grote devotie de gelovigen nog steeds mystieke bescherming biedt. In regio's waar grote groepen sjiieten wonen – zoals Iran, Pakistan en India – worden de vijf vingers van de hand meer specifiek met leden van de Profetische familie geassocieerd, die volgens sjiieten uitzonderlijke spirituele kracht betoonden: de Profeet Mohammed zelf, zijn dochter Fatima, haar man Ali en hun kinderen Hassan en Hoessein.

[†] Het woord 'soefi' valt weliswaar niet letterlijk te vertalen door het woord 'heilige' en de islamitische traditie kent andere termen voor het woord heilige zoals het woord 'wali', maar in onze hedendaagse Nederlandse taal kennen we niet veel synoniemen om dergelijke figuren aan te duiden. Bovendien heeft het hier geen zin om verschillende 'types' of 'soorten' heiligen, wijzen, poëten, etc. van elkaar te onderscheiden. Het gaat hier louter om het concept dat dergelijke 'overstijgende figuren' een centrale plaats innemen in de islamitische mystiek.

Het is dan ook bijzonder problematischer om iedereen die de volgeling wordt van de leer van één of andere mysticus een 'soefi' te noemen. Wat wel op zijn plaats zou kunnen zijn, is de term 'moetasawwif'. Dat woord verwijst naar de 'spirituele zoekers' die er voor kozen om expliciet 'het mystieke pad te bewandelen'. Dat gaat dan meestal via de geijkte traditionele paden van opname in een tariqa, spirituele begeleiding door een sjeik, en een langdurig proces van innerlijke verdieping door studie, contemplatie en dhikr in de hoop op die manier het ego los te laten en vereniging met God te vinden. Maar het feit dat iemand zo'n spirituele zoektocht heeft aangevat, houdt niet per definitie in dat men op dat pad ook ver gevorderd is. Een moetasawwif is iemand die nog steeds tracht het mystieke pad te bewandelen terwijl een soefi iemand is die 'het einde' van dat pad heeft bereikt.[167]

Nog veel problematischer is het om elke moslim die zich geïnspireerd weet door de poëzie van de soefi's, die mausolea bezoekt of die wekelijks naar devotionele muziek luistert, als 'soefi' af te doen. Elke moslim die van dichtbij of van ver te maken heeft met één of andere uitdrukking van islamitische mystiek omschrijven als 'heilige' is immers behoorlijk onzinnig.

Misschien maakt een hypothetische vergelijking met het christendom pas echt duidelijk wat aan dit alles zo bijzonder problematisch is. Laat ons bijvoorbeeld, bij wijze van gedachten-experiment, er even van uit gaan dat we de heiligen uit het christendom als een aparte groep beschouwen, die zich aan de marge bevinden van de christelijke traditie. In overeenstemming daarmee, focussen we ons vooral op die heiligen die diepgaande spirituele teksten produceerden en we laten het uitschijnen dat hun leer niet tot de 'norm' van de kerkelijke leer behoort. We leggen extra nadruk op die heiligen die er een ongewone levensloop op na houden en daardoor de bestaande regels in vraag stelden. We schenken uitgebreid aandacht aan de problematische relatie die de Kerk had met sommige heiligen en zien dat als een vanzelfsprekend teken van de incompatibiliteit van het 'echte christendom' en het meer vrijdenkende 'heiligenisme'. We gaan dit 'heiligenisme' voorstellen als de 'mooie' en 'andere' kant van het agressieve en regelgerichte christendom. We hebben vooral oog voor de meer 'universele' wijsheden die de heiligen verkondigden en schuiven hun liefde voor Christus naar de achtergrond. We schrijven duizenden boeken over de inspirerende spirituele aspecten van hun boodschap, maar blijven totaal ongeïnteresseerd in de bredere theologie die deze boodschap vorm gaf. We bouwen kloosters om tot toeristische trekpleisters waar bezoekers tegen betaling een opvoering van de liederen van Hadewijch en Hildegard Van Bingen kunnen beluisteren en we stellen zo'n commerciële opzet voor als diepgaande mystiek rituelen. En, als klap op de vuurpijl, noemen we kloosterlingen en mensen die zich in het algemeen geïnspireerd weten door de gebeden van de heiligen eveneens 'heiligen' – maar dan niet in de gebruikelijke zin van wat het woord 'heiligen' maar wel als 'volgelingen van het heiligenisme'.

Het spreekt voor zich dat zo'n kijk een behoorlijk verwarde blik op het christendom zou opleveren. We zouden niet begrijpen wat de plaats is van de kloostergemeenschappen in het geheel van het christendom. We zouden christelijke referenties aan de heiligen steevast afdoen als 'uitzonderlijk' terwijl de christelijke wereld (toch in de katholieke en orthodoxe sfeer) al eeuwenlang bol staat van de heiligendevotie. We zouden in onze media niet kunnen verklaren hoe het komt dat Jorge Mario Bergoglio, die op 13 maart 2013 als paus verkozen werd, de pauselijke naam 'Franciscus' verkoos, refererend naar de gekende mysticus en heilige Franciscus van Assisi. We zouden ons duale beeld van 'heiligen versus de gevestigde kerk' gebruiken als extra legitimatie van oorlogen in achtergestelde landen waar corrupte christelijke overheden (die we vroeger vaak steunden) het recent opgedoken fundamentalisme niet meer aankunnen. En we zouden in diezelfde landen steeds meer christenen ontmoeten die zichzelf voorstellen als 'heiligen' omdat ze weten dat ze daardoor aanvaard zullen worden door diegenen die 'het christendom' als een baarlijke duivel zien maar 'het heiligenisme' zeer aaibaar vinden.

Het lijkt bijna onmogelijk dat zo'n vergaande fenomenen zich kunnen voordoen, maar in het geval van de islamitische mystiek zijn ze schering en inslag. Zowel onder academici, onder journalisten als onder spirituele zinzoekers kom je een dergelijke visie op 'heiligenisme' tegen wanneer ze over 'de orthodoxe islam' en 'het gematigde soefisme' spreken.

De pijnlijke conclusie dringt zich dan ook op dat het woord 'soefisme' beter uit ons vocabularium geschrapt wordt. Daarenboven zouden we het woord 'soefi' best louter in de oorspronkelijke betekenis gebruiken.[*]

De soefi's (de heiligen dus) spraken zelf trouwens helemaal niet over 'soefisme'. Zij spraken wel over iets wat 'tasawwuf' werd genoemd.

---

[*] Dat het zonder meer mogelijk is om dat te doen en het toch over dezelfde fenomenen, concepten en realiteiten te hebben, wordt duidelijk in dit boek. Op geen enkel moment werd over soefi's gesproken als 'aanhangers van het soefisme'. Er werd enkel over soefi's gesprokken als gerespecteerde spirituele grootheden. Wanneer verwezen werd naar specifieke aanhangers van bepaalde tariqa's, werden ze eenvoudigweg op die manier benoemd en moslims die zich, los van die tariqa's, geïnspireerd weten door islamitische mystiek, werden niet in een aparte categorie geplaatst. Ook het woord 'soefisme' werd daardoor telkens tussen aanhalingstekens geplaatst om de onzekerheid ervan te benadrukken of zonder aanhalingstekens vermeld wanneer het door anderen werd gebruikt als term om een aparte spirituele stroming aan te duiden.

Tasawwuf

Het woord 'soefisme' was in eerste instantie de vertaling van het Arabische woord 'tasawwuf'.[168] Het is echter eigenaardig om tasawwuf te vertalen door een -isme. Men kan immers geen 'aanhanger' zijn van de tasawwuf. Wanneer soefi's over het concept tasawwuf spraken, deden ze dat niet als een aparte strekking, stroming of leer. Ze spraken erover als het hart of de innerlijke dimensie van de islam. Ze spraken erover als datgene wat men vandaag inderdaad als spiritualiteit en mystiek benoemt. Alleen, wanneer zij dat deden wensten ze het daarmee niet af te scheiden van religie. Het ging wel om spiritualiteit en mystiek als een essentieel onderdeel van datgene wat we vandaag 'religie' noemen. Meer nog, het ging om spiritualiteit en mystiek als essentieel onderdeel van ons hele bestaan.

Sommige soefi's, zeker in het geval van de qalandariyya en de malamatiyya, konden sommige regels wel eens met de voeten treden bepaalde sociale taboes soms bewust doorbreken, maar over het algemeen werd deze innerlijke spiritualiteit van tasawwuf niet losgesneden van de morele, rituele en vormelijke aspecten van de islam.[169] Zoals in hoofdstuk 2 reeds werd aangeraakt, hielden de meeste soefi's zich aan de religieuze regels en probeerden ze m.a.w. de sharia te volgen.

In niet-islamitische milieus wekt het woord 'sharia' vaak tegenzin op, maar, in tegenstelling tot wat velen denken, is de sharia geen reeks van wetten die netjes neergeschreven staat in de Koran of een ander boek. Als concept verwijst het naar de goddelijke principes die het leven ondersteunen en de morele code die daaruit voortvloeit (zoals bijvoorbeeld: niet moorden, niet stelen, zo mededogend mogelijk zijn, God aanbidden, enzovoort). Doorheen de geschiedenis bleef de precieze aard van die sharia echter een nooit eindigend onderwerp van discussie. Verschillende geleerden, bewegingen, ordes en scholen debatteerden telkens opnieuw over bepaalde aspecten ervan waardoor de exacte veruitwendiging van de sharia doorheen de eeuwen steeds onderhevig was aan overleg en interpretatie.[170]

Voor de soefi's waren sharia en tasawwuf geen tegengestelden. Het waren twee 'paden' die men tegelijkertijd moest bewandelen. Het ene is het pad van de morele 'regels' en de mentale kennis, het andere het pad van de innerlijke omwenteling en de existentiële wijsheid. Zoals Schimmel schreef (en daarbij de beroemde soefi Sana'i parafraseert): "De drempel van de sharia kussen was de eerste plicht van eenieder die het mystiek pad wou bewandelen."[171]

Op dit vlak is het ook interessant dat de woorden 'sharia' en 'tariqa' gelijkaardige betekenissen bevatten. Etymologisch komt het woord sharia immers van een oud Arabisch woord dat 'het te volgen pad' betekende. Om het pad van de tasawwuf aan te duiden gebruikte men dan weer het woord 'tariqa' dat eveneens 'weg' of 'pad' betekent – maar dan specifiek verwees naar het *spiritueel-mystieke* pad. Opnieuw met de woorden van Schimmel:

> De tariqa, het 'pad' waarop de mystici wandelen, werd al eens gedefinieerd als "het pad dat uit de sharia komt want de hoofdweg is de 'shar' en de 'tariq' het bewandelde pad." Deze omschrijving toont dat de soefi's het pad van de mystieke educatie als een aftakking zagen van de hoofdbaan die uit de Godgegeven wet bestaat en die elke moslim behoort te volgen. Geen enkel pad kan bestaan zonder de hoofdweg waar het pad vandaan komt; geen enkele mystieke ervaring kan worden bereikt indien de voorschriften van de sharia niet trouw gevolgd worden. Het pad, de tariqa, daarentegen is smaller en moeilijker begaanbaar en begeleidt de adept – die salik of 'zwerver' genoemd wordt – in zijn suluk, 'zwerftocht', doorheen de verschillende stadia (maqam) tot hij, langzamerhand, zijn doel bereikt van perfecte tawhid [d.w.z. zowel een diep besef van

God's eenheid als een overweldigende ervaring van eenheid met God].[172]

Het woord 'tariqa' draagt dus een dubbele betekenis in zich. Aan de ene kant is het een algemene term voor 'het pad van de tasawwuf', aan de andere kant, zoals in hoofdstuk 3 werd uiteengezet, kan het verwijzen naar broeder- of zusterschappen die ontstonden rondom de leer van een bepaalde spirituele leraar. De verschillende tariqa's (als spiritueel-mystieke gemeenschappen met hun leerstellingen en hun keten van overdracht) zijn dan allen concrete vormen van de 'algemene' tariqa (als 'weg' of 'methode' van de islamitische mystiek). En ongeacht de specifieke wijze waarop de gemeenschappen vorm kregen, stonden het pad van de wet (de sharia) en het pad van de tasawwuf (tariqa) altijd op de één of andere manier met elkaar in relatie.

Voor de soefi's is de sharia bijgevolg de jalal van de buitenste, beschermende schil en tasawwuf de jamal van de innerlijke pit. Of met de woorden van Shah Shahidullah Faridi:

Tasawwuf kan de 'verinnerlijking' van de islam worden genoemd. Islam bestaat, net zoals de meeste andere geloofstradities in meerdere of mindere mate, vooreerst uit een aantal geloofsstandpunten zoals het bestaan van God, het uiteindelijke aandienen van berechtiging en beloning en straf in het volgende leven, evenals de uiterlijke uitdrukking van dat geloof in rituele vormen zoals gebed en vasten. Dat alles is van belang in de relatie tussen de mens en God. Daarnaast kent het ook een systeem van moraliteit, dat van belang is in de relatie tussen mensen onderling en dat zijn uiterlijke uitdrukking kent in bepaalde sociale instellingen en wetgeving, zoals het huwelijk, erfenisrecht, burgerlijk recht en strafrecht. Maar het is vanzelfsprekend dat de basis van het geloof, de geest die het leven geeft, de relatie is tussen God en mens. Rituele vormen van aanbidding zijn heel eenvoudig de fysieke middelen voor deze relatie en het is deze relatie die evenzeer verantwoordelijk is voor de oorsprong, de betekenis en de ultieme sancties van de morele principes en hun formulering in specifieke sociale en juridische systemen. Indien de innerlijke verbondenheid met het Ultieme Wezen en de daaruit voortvloeiende inspiratie aanwezig zijn, dan zijn ze vergelijkbaar met de ziel. Het lichaam is dan vergelijkbaar met de uiterlijke religie. Indien het innerlijke afsterft, wegdeemstert of afzwakt, wordt de uiterlijke vorm van het geloof een zielloos lichaam, dat doorheen de onvermijdelijke wetten van de natuur snel bezwijkt voor corruptie. Daarom vormt de directe relatie met de Schepper de adem en het leven van de religie. En de studie en cultivatie van deze relatie wordt met het woord 'tasawwuf' omschreven.[173]

Het feit dat de meeste soefi's de sharia wensten te volgen betekent natuurlijk niet dat zij de gevestigde ordes of de heersende machtsstructuren nooit in vraag stelden. Integendeel. Velen onder hen waren heel scherp in hun kritiek op machtsmisbruik en strikt legalisme. Daardoor is het vrij gemakkelijk om teksten te vinden van soefi's die bepaalde gewoontes, gebruiken en regels van de dominerende groepen in hun samenleving afzworen. En aangezien hun verzet niet altijd geapprecieerd werd door de religieuze en politieke elites die hun macht wensten te bewaren, kregen verschillende Soefi's al eens te maken met harde ideologische aanvallen en/of juridische veroordelingen.

Maar het zou fout zijn om dergelijke spanningen als een gevolg te zien van een strijd tussen 'orthodoxie' en 'heterodoxie' of van 'mainstream' islam en 'mystieke' islam. Elke religie kende vele belangrijke figuren die hypocrisie hevig bekritiseerden, die de machtigen ontmaskerden en die zich verzetten tegen dogmatisme – en heel wat Soefi's waren daar oprechte voorbeelden van. Maar dat maakt dergelijke figuren niet minder 'religieus' of 'orthodox' dan anderen die hun specifieke visies en verplichtingen aan anderen willen opleggen. (Niet in het minst aangezien dergelijke kritische figuren meestal de 'stichters' van hun religie trachten te imiteren.) Omgekeerd geldt hetzelfde: indien ze er uiteindelijk voor kozen om de 'mainstream religieuze regels' nog steeds na te volgen, maakte hen dat niet minder 'spiritueel' of 'revolutionair'.

Meer nog, vele soefi's ridiculiseerden formalistisch gedrag *net omdat* tasawwuf voor hen de innerlijke essentie was van de *traditionele* Islam. Want *net omdat* mystieke vereniging met het goddelijke volgens hen het uiteindelijke doel was van de islamitische leer, kantten ze zich tegen de al te grote focus op 'uiterlijkheid' van diegenen die de sharia als mentaal keurslijf naar voor schoven.

En de soefi's waren zeker niet de enigen die er zo naar keken. Dat wordt sterk duidelijk in de manier waarop tasawwuf doorheen de eeuwen veelal als een essentieel onderdeel werd gezien van de opleidingen in universiteiten van Caïro tot Delhi. Aangezien tasawwuf niet gezien werd als een aparte 'stroming' binnen de islam, maar veeleer de aanduiding was voor innerlijke spiritualiteit en mystiek, werd het gedoceerd naast vakken zoals hadithstudies (d.w.z. onderzoek naar de uitspraken en handelingen van de profeet), tafsir (d.w.z. exegese) of fiqh (d.w.z. jurisprudentie).[174]

In dat opzicht noemde Abdal Hakim Murad het ooit 'Islamitische psychologie' en hij verwees daarbij naar een uitspraak van de profeet:

In een bekende hadith zegt de profeet, op wie zegeningen en vrede rust: "Waarlijk, in het lichaam is er een stuk vlees. Indien het gezond is, is het hele lichaam gezond. Indien het verziekt is, is het hele lichaam verziekt. Waarlijk, dit is het hart." Zich bewust van deze raadgeving, waaronder alle andere raadgevingen van de Islam te verenigen zijn en die hen hun betekenis geeft, hebben de islamitische geleerden een ilm, d.w.z. een wetenschap, uitgewerkt die de verschillende 'toestanden' van het hart analyseren en die methodes aanreikt om het hart in die toestand van gezondheid te brengen. Doorheen de eeuwen kreeg deze wetenschap de naam tasawwuf, in het Engels 'soefisme' – een traditionele term voor wat we vandaag misschien in meer begrijpelijke termen als 'islamitische psychologie' kunnen omschrijven.[175]

Indien men het concept 'tasawwuf' dus weghoudt van de onzinnige tweedeling tussen spiritueel en religieus, van het politieke misbruik om de islam te demoniseren en van de commerciële uitholling van islamitische mystiek, dan kan het ook vandaag betekenis hebben. Want dit soort spirituele psychologie en existentiële diepte zijn altijd op hun plaats. Wat ons overkoepelende mens- en wereldbeeld ook is, de uiterlijke jalal van dat mens- en wereldbeeld dat zich veruitwendigt in instituten, wetten en regels zou altijd in balans moeten blijven dankzij voldoende innerlijke jamal. Onze materiële wereld zou altijd door voldoende mystiek moeten gedragen worden.

9.

MYSTIEK HERZIEN

DE PIJNLIJKE AFBRAAK VAN TASAWWUF

Alvorens over te gaan naar enkele finale conclusies, is het goed even samen te vatten wat tot nu toe werd uiteengezet. Want door de verschillende elementen nog eens gebald bijeen te brengen zullen we niet alleen in staat zijn om tasawwuf te herzien maar uiteindelijk ook mystiek in het algemeen te herbekijken.

*

Op de eerste plaats werd doorheen dit boek aangetoond dat de stelselmatige en voortschrijdende afbraak van islamitische mystiek een schrijnend voorbeeld is van moderne politieke en sociale omwentelingen. De initiële stappen daarvan werden door Abdal Hakim Murad ooit zeer kernachtig als volgt beschreven:

> We worden met een paradox geconfronteerd. Hoe komt het dat soefisme zo'n gerespecteerd onderdeel was van het islamitische intellectuele en politieke leven doorheen onze geschiedenis en dat er zich vandaag toch allerhande woedende stemmen tegen kanten? Daarvoor kunnen we twee grondoorzaken aanduiden.
> Vooreerst was er de wijdverspreide invloed van de oriëntalistische academici die, toch zeker [tot in het begin van de

> 20ste eeuw] van mening waren dat zoiets vruchtbaars en diepgaands als het soefisme nooit kon opgroeien in de wezenlijk 'dorre en legalitische' grond van de islam. Oriëntalistische werken werden in islamitische talen vertaald en waren van grote invloed op sleutelfiguren onder de islamitische modernisten (...) die de centraliteit, of zelfs de legitimiteit, van het soefi discours in de islam steeds meer in vraag stelden.
>
> Vervolgens is er de opkomst van de Wahabitische missionering (...) die steeds luider weerklonk omwille van de explosie van Saoedische olierijkdom. Veel, zelfs de meeste, Islamitische uitgeverijen in Caïro en Beiroet worden nu door Wahhabi organisaties gesubsidieerd, wat hen ervan weerhoudt traditionele werken over soefisme uit te geven en er voor zorgt dat ze in andere werken passages schrappen die als onaanvaardbaar worden beschouwd volgens de wahhabidoctrine.[176]

In een volgende stap werd de modernistische kijk op religie en mystiek ook doorheen andere delen van de islamitische wereld verspreid. 'Het soefisme' werd steeds meer afgezonderd als 'aparte stroming' en als 'onzuivere islam' voorgesteld door het money-theïsme van het wahabisme. In die afzondering kregen ze daarenboven steun uit totaal tegenovergestelde hoek: de nieuwerwetse commercialiteit van Westerse spiritualiteit. Allerhande varianten van hippie en new-age spiritualismes stelden het soefisme evenzeer voor als 'minder strikt religieus' en sneden de bloem met veel plezier af van de oorspronkelijke wortels om die op de eigen flowerpower hoed te plaatsen.

Door de beeldvorming en de geopolitiek van de laatste decennia kwam het hele idee daarenboven in een stroomversnelling terecht. Aan de ene kant werden duizenden kerstboomvarianten van de soefiliteratuur gepubliceerd en nieuwsberichten getoond over 'uitzonderlijke' islamitische mystiek met als gevolg dat 'echte' moslims steeds meer gedemoniseerd werden als het tegendeel. Aan de andere kant werden allerhande mausolea letterlijk in brand gestoken in een tendens om alle jamal van vrouwelijke spiritualiteit te verbannen en rigoureuze jalal van mannelijke regelgerichtheid op te leggen aan bevolkingsgroepen die in de maalstroom van oorlogsdestructie terecht kwamen.

De werkelijke, alledaagse islamitische mystiek kwam bijgevolg onder druk te staan. Het mannelijke categoriseren van zowel modernisme als extremisme zorgde ervoor dat men niet meer in staat was om in te zien dat mystiek niet aan de marge stond van de islamitische traditie maar veeleer een brede onderstroom vormde. Laat staan dat men in staat was om in te zien dat spiritualiteit en religie geen tegengestelden zijn, maar één organisch geheel vormen.

Opnieuw mag er echter duidelijk op gewezen worden dat dit alles niet impliceert dat alle vormen van traditionele islamitische mystiek en spiritualiteit alleen maar rozengeur en maneschijn tevoorschijn toverden. Net omdat het een standaardgegeven vormt, veruitwendigt het zich soms ook op minder mooie wijzen. Net omdat het een brede waaier aan uitdrukkingen kent, staat het ook bol van de tegenstellingen. Net omdat het in vele maatschappelijke lagen verweven zit, zijn er ook schaduwzijden aan verbonden.

Maar welke schaduwzijden er ook zijn, ze mogen ons niet zonder meer de blik doen afkeren. We doen er op dat vlak goed aan van de soefi's te leren. De grote spirituele en mystieke wijzen hebben immers altijd beter dan wie dan ook begrepen hoeveel gevaren er zich bevinden op het innerlijke pad van tasawwuf. Zij zagen de donkere kanten niet alleen onder ogen, zij formuleerden ook allerhande adviezen om zich niet om de tuin te laten leiden – waarbij die adviezen er geregeld op gericht waren ook de kracht, de regels en standvastigheid te bewaren binnenin de jamal van hun mystiek. Maar wanneer ze dergelijke adviezen formuleerden was dat niet om ons van het pad af te houden en wel om ons aan te manen het pad alsnog te bewandelen. Want bovenal wisten zij dat het einde van dat pad zonder mystiek, zonder tasawwuf en zonder jamal eenvoudigweg niet te bereiken is. Als geen ander beseften zij dat het problematisch is om jalal en jamal te ontkoppelen, niet alleen op spiritueel vlak, maar ook op maatschappelijk vlak.

GELIJKLOPENDE PATRONEN
IN ANDERE TRADITIES

Vanuit gelijkaardige overwegingen kunnen we natuurlijk ook naar andere tradities kijken. We zullen dan zien dat dezelfde elementen terug te vinden zijn in andere religies. We zullen dan zien dat er ook in andere tradities een enorme variatie bestaat van mystieke expressies die doorheen het hele sociale en culturele weefsel van de samenleving vloeien. En we zullen dan zien dat ze zich ook daar niet beperken tot wat zweverige poëzie of mindfulnesstrucjes maar eveneens de diepste spiritueel-religieuze passies naar boven kunnen brengen.

Een voor de hand liggend voorbeeld zijn de Indische tradities die eveneens geen onderscheid kennen tussen 'traditionele, conservatieve religies' en 'mystieke stromingen'. Ook daar is de overdracht van religieuze spiritualiteit via spirituele leermeesters de norm (meestal beter gekend als goeroes of rishi's). Al vat men deze uiterst diverse ketens van overdracht vaak samen onder de noemer 'hindoeïsme', ook in de Indische cultuursfeer is er geen sprake van een autoritair instituut dat de leerstellingen van 'het geloof' bepaalt. Ook daar is er veeleer sprake van een bijzonder gedecentraliseerde 'structuur' waarbij spirituele wijsheid en mystiek inzicht doorheen verschillende strekkingen, groeperingen, individuen en instituten werden (en worden) over-gedragen. Ook daar is dat alles verbonden met vormen van moraliteit en theologie die men als 'religieus' zou bestempelen. En ja, ook daar zit het geheel vaak vervlochten met machtsstructuren en wantoestanden waarvoor de hedendaagse zelfontwikkelingssector meestal blind bleef. Maar ook daar zit in de diepte van de traditie een reservoir aan mythos en jamal die werelden kunnen creëren en in balans houden.

Evengoed kunnen we naar de christelijke wereld verwijzen. Want ook in de christelijke wereld werd mystiek zeker niet altijd gemarginaliseerd en waren spiritualiteit en religie lange tijd per definitie met elkaar verstrengeld.

Een eerste voorbeeld is Sint Bernardus van Clairvaux. Deze stichter van de kloosterorde van de cisterciënzers, was één van de meest invloedrijke figuren uit het laatmiddeleeuwse katholieke christendom. Hij was één van de raadgevers van de toenmalige pausen en staat geboekstaafd als één van de belangrijkste geestelijke predikers die de bevolking opriep om zich bij de tweede kruistocht te voegen. Maar diezelfde Bernardus staat ook bekend omwille van zijn hoogstaande mystieke literatuur. Hij schreef immers een prekenbundel over het Hooglied, waarin hij dat hele Bijbelse boek interpreteerde als een metaforisch beeld dat zowel de overweldigende liefde van God voor de mens beschrijft als aangeeft op welke wijze de menselijke liefde voor God tot diepe zielseenheid kan leiden. Deze prekenbundel was van grote invloed op vele christelijke mystici na hem.[177] Een figuur als Bernardus laat dus zien hoe mystiek ook in de christelijke wereld geregeld in de machtsstructuren, politiek en zelfs in oorlog verweven zat.

In schril contrast daarmee staat een ascetisch en mystiek figuur als Sint Franciscus. Hij wordt in onze beeldvorming vaak tegenover de kerkelijke instituten geplaatst. Zijn armoede zet men af tegen de weelde van Rome en zijn spiritualiteit zet men af tegen de machtswellust van de clerici. Maar hoewel hij zeker in vele opzichten rebels en eigenzinnig was, was Franciscus' eerbied voor de Kerk en het priesterschap zeer groot. Zo luidden de eerste zinnen van de regel van zijn orde als volgt:

> De regel en de levenswijze van de minderbroeders is dit: het heilig Evangelie van onze Heer Jezus Christus onderhouden, levend in gehoorzaamheid, zonder eigendom en in kuisheid. Broeder Franciscus belooft gehoorzaamheid en eerbied aan de heer paus Honorius, diens wettige opvolgers en aan de kerk van Rome. En de andere broeders zijn verplicht broeder Franciscus en zijn opvolgers te gehoorzamen.[178]

Ook in de christelijke cultuursfeer was mystiek eeuwenlang een belangrijk en basaal onderdeel van de samenleving – soms uitte het zich positief, soms negatief, maar in elk geval was het een actief en levend principe. De mythos omzwachtelde er lange tijd de logos en vrouwelijkheid kreeg vaak een prominente plaats.

In het museum van Notre-Dame à la Rose in Lessines hangt een prachtig schilderij dat daarvan een treffend staaltje laat zien. Notre-Dame à la Rose was enkele eeuwen lang een ziekenhuis van een zusterorde die er een heel zorgende en mariale spiritualiteit opna hield. In dat kloosterziekenhuis bevindt zich nog steeds een bijzonder tafereel van een kruisafname. De website van het museum beschrijft het als volgt:

> Dit intrigerende schilderij, daterend uit het einde van de 16de eeuw, stelt een liggende Christus voor, omgeven door heilige vrouwen en Sint-Jan. Kijk aandachtig naar de weergave van Christus op dit paneel: hij werd geschilderd *met vrouwelijke borsten*. Dergelijke uitbeeldingen van Christus als spirituele vader en moeder, verwijzen naar talrijke godsdienstige en mystieke geschriften, die Christus vrouwelijke en moederlijke

trekken verlenen. Christus heeft zijn hand op de borst gelegd en hij schenkt op deze wijze 'spirituele voeding' aan de zusters.[179]

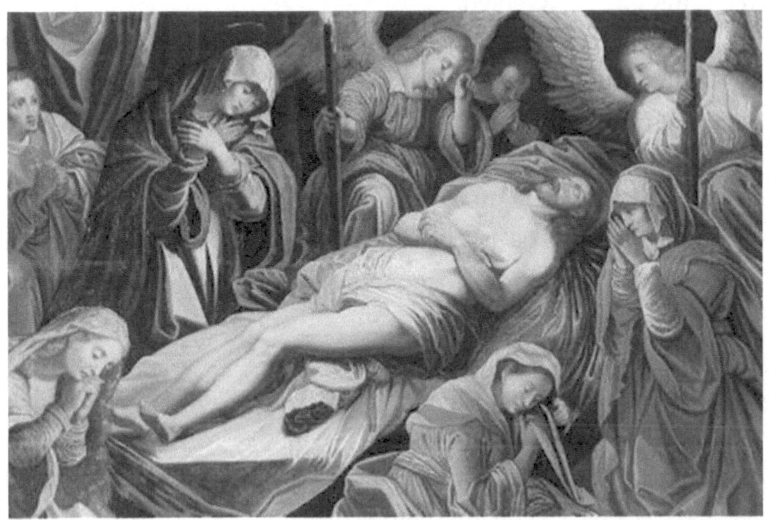

Al was het idee van een 'voedende Christus' niet nieuw, zo'n visuele weergave was zeker niet gebruikelijk en werd niet door iedereen geapprecieerd. Niettemin kon de overste van de zusters in de zestiende eeuw nog zonder problemen de schilder opdragen om vrouwelijke borsten te schilderen op deze afbeelding van *De Bewening van Christus door de heilige vrouwen*. Pas later, in de negentiende eeuw, kreeg men het er moeilijk mee en werden de borsten overschilderd. Het zou vervolgens duren tot restauratiewerken in de jaren negentig van de vorige eeuw vooraleer ze werden herontdekt.[180]

Dit schilderij is bijgevolg een bijzonder pertinent symbolisch voorbeeld van de wijze waarop ook in de christelijke wereld vrouwelijke spiritualiteit steeds meer naar de marge werd geduwd en de manier waarop vrouwelijke spiritualiteit steeds verder ontkoppeld raakte van mannelijke rationaliteit. Opnieuw laat het zien dat doorheen de periodes die worden aangeduid met de 'verlichting' en 'de moderniteit', het beeld op religie drastisch veranderde en het dagelijkse mystieke en mythologische denken geleidelijk aan werd ontkend, overschilderd en vergeten.

We doen er echter goed aan te herontdekken dat het mythologische en mystieke denken niet zo lang geleden nog steeds een inherent aspect vormde van onze samenleving. Tot in de vorige eeuw waren pelgrimstochten, processies, volksdevotie, en religieuze kunst nog een wezenlijk onderdeel van het dagelijkse leven. Zoals een kikker zich niet bewust is dat het water waarin hij langzaam gekookt wordt steeds heter wordt, waren we ons niet bewust van de wijze waarop dat alles verdween doorheen de zich steeds verderzettende evoluties van de moderne wereld. In de botsing van overmatige jalal-wereldbeelden en hun bijhorende '-ismes' werd elke vorm van intuïtief, symbolisch en metaforisch denken langzaamaan vernietigd of naar het achterplan geduwd.

Dit proces, dat in de christelijke wereld enkele eeuwen in beslag nam, vindt de laatste decennia aan een razend en destructief tempo plaats in andere cultuurgebieden – en bij uitstek in de islamitische wereld. Voor sommigen is dat schrijnende proces overduidelijk, maar de meerderheid van de geleerden en politici blijft ziende blind. Daardoor zien ze ook niet in dat de afbraak van tasawwuf slechts één voorbeeld is van een veel groter patroon waarin onze moderne kijk op religie, spiritualiteit en mystiek langzaamaan elke mogelijkheid blok-keert om een gezonde uitdrukking te geven aan mythos, jamal en ziel.

Natuurlijk kunnen ook allerhande tegenbewegingen worden ontwaard. Tussen de oppervlakkige commercialiteit kan men wel degelijk allerhande vormen van diepgaande mystiek ontdekken en waar spirituele religiositeit dood werd gewaand, blijkt het vaak in nieuwe vormen te leven. Nieuwe broeder- en zusterschappen ontstaan, artiesten slagen erin om oude tradities in nieuwe kunststijlen te verweven, er worden pogingen ondernomen om de klassieke teksten van belangrijke mystici te publiceren, een groeiende onvrede met een al te materialistische levenswijze zorgt voor oprechte zoektochten naar ziel, enzovoort. De toekomst zal uitwijzen of dergelijke tegenbeweging ook werkelijk van betekenis zullen blijven. Maar hoe het ook zij, een werkelijke ommekeer (of misschien beter: inkeer) zal enkel mogelijk zijn wanneer jamal en mystiek opnieuw een plaats krijgen als inherent en noodzakelijk onderdeel van ons wereldbeeld en onze samenleving.

Een laatste woord

Net zoals dat al eeuwen het geval is, kan men vandaag nog steeds veel wijsheid ontvangen door 'aan de voeten van de soefi's' te zitten en hun inzichten te aanhoren. Hun spiritualiteit is een blijvende bron voor al wie balans zoekt tussen jalal en jamal. Roemi's zeven 'adviezen' waren, zijn en blijven daarvan een prachtig voorbeeld:

Word als stromend water
in vrijgevigheid en hulpvaardigheid
Word als de zon
in compassie en mededogen
Word als de nacht
in het bedekken van andermans tekortkomingen
Word als een overledene
in woede en fanatisme
Word als de aarde
in bescheidenheid en nederigheid
Word als de zee
in verdraagzaamheid

Word zoals je jezelf voordoet
of doe je voor zoals je bent.[181]

Moslim of niet, op persoonlijk spiritueel vlak kunnen zo'n kleine pareltjes iedereen houvast en inspiratie bieden.

In dit boek werd echter niet dieper ingegaan op de rijke uitwerkingen van tasawwuf en de wijze waarop ze al eeuwenlang diepgaande aanzetten bieden om als spirituele zwerver het ego te overstijgen en tot eenheid met het Goddelijke te komen. Wie zich daarin wel wil verdiepen, kan daarvoor niet alleen te rade gaan bij boeken die de verschillende facetten van de islamitische spiritualiteit, psychologie en mystiek uit de doeken doen, maar kan bovenal de teksten en gedichten van de soefi's zelf herlezen. Werken van Rumi, Hafez, Ghazali, Sana'i, Ibn Sina, Rabia, Lal Ded en vele anderen werden ondertussen vertaald en zijn gemakkelijk te verkrijgen. Wie wenst te achterhalen op welke wijze de tasawwuf een medicijn voor de ziel kan zijn, doet er nu eenmaal goed aan van zich op de eerste plaats te laven aan de woorden van de spirituele grootmeesters. En uiteraard kan men ook altijd op zoek naar een hedendaagse spirituele meester – want ook die zijn, net zoals altijd, nog steeds te vinden.

Dit boek had echter een andere focus. Los van hun innerlijke spirituele, mystieke en religieuze waarde, wenste het vooral te achterhalen wat de soefi's en hun tasawwuf ons te leren hebben over 'spiritualiteit' en 'mystiek' als concepten op zich. Het wenste na te gaan hoezeer het onze moderne kijk op religie en haar relatie met de samenleving in vraag stelt. Want, zoals ondertussen duidelijk mag zijn, zet een grondige analyse van datgene wat men het 'soefisme' noemt heel wat gangbare ideeën op losse schroeven. Het haalt het gebruikelijke dichotome kader van religie vs. spiritualiteit onderuit en ontmaskert als een denkpatroon dat slechts in stand gehouden wordt om (geo)politieke redenen. Want het uithollen van mystiek door het te degraderen tot een toeristisch circuskunstje of een product van de geluksindustrie en het demoniseren van de islam door deze brede traditie louter te associëren met regelgerichte agressie zijn twee zijden van dezelfde munt. Extremisme en modernisme kunnen elkaar op dat vlak goed vinden. De afbraak van mystiek dient hun beider doel: een tweedeling creëren tussen 'de religieuzen' en de 'niet-religieuzen' om vanuit dat ongefundeerde vijandsbeeld elke mogelijke nuance totaal te negeren en elkaar blijvend te lijf te gaan.

Maar toch heeft dagdagelijkse mystiek uiteindelijk het laatste woord. Want verdwenen is het nog lang niet. Ondanks alle misbruik en afbraak laat het vele plaatsen zien dat het wel degelijk in alle schoonheid en doorleefdheid *kan* bestaan. Zo zal het steeds weer verzet plegen. Niet door zelf ook wapens op te nemen, maar wel heel eenvoudig doordat *het bestaan ervan* telkens opnieuw de leugens zal doorprikken van de foutieve dichotomie waarop het vijandsbeeld werd gebouwd.

NOTEN

[1] Zie o.a.: Schimmel, *Mystical Dimensions of Islam*, 1975, p. 14.

[2] M.t.a., *De islam Ontsluierd: Moslimcultuur Vandaag*, 2007.

[3] Deredactie.be, *Aanslag op Pakistaans soefi-heiligdom*, 2011.

[4] Zie: Cathy Lynn Grossman, *Survey: 72% of Millennials 'more spiritual than religious'*, 2010.

[5] De Botton, *Atheisme 2.0*, 2011. (Mijn vertaling.)

[6] De Botton, *Atheisme 2.0*, 2011. (Mijn vertaling.)

[7] De Botton, *Atheisme 2.0*, 2011. (Mijn vertaling.)

[8] Angelpeream, *Islam branches and schools.svg*, s.d., Overgenomen onder creative commons licentie.

[9] Zie: Wikipedia, *Islamic schools and branches*, s.d.

[10] Wikipedia, *Islam*, s.d. en Wikipedia, *Stromingen in de islam*, s.d.

[11] Murad, *Islamic Spirituality: the forgotten revolution*, 2014.

[12] Brown, *Salafis and Sufis in Egypt*, 2011, p.12. (Mijn vertaling.)

[13] Zie ook; Nasr, *The Heart of Islam: Enduring Values for Humanity*, 2002.

[14] Al-Zabidi, *Ithaf al-sada al-muttaqin*, Cairo, 1311, I, 27 geciteerd in Murad, *Islamic Spirituality*, 2014. (Mijn vertaling.)

[15] Zie bijv. Seekershub Answer Service; *Imam Ghazali's Ihya 'Ulum al-Din's Importance and Value: A Reader*, 2014 voor een overzicht van een reeks uiteenzettingen over het belang van al-Ghazali door enkele vooraanstaande hedendaagse geleerden.

[16] Zie: Hozien, *Main: Corpus : Ihya' 'ulum al-din (Revival of the Religious Sciences)*, 2013. Op deze website kan men alleerhande vertalingen van verschillende hoofdstukken van al-Ghazali's Ihya downloaden.

[17] Zie: Schimmel, *Mystical Dimensions of Islam*, 1975, pp.94-95.; Salazar, *Al-Ghazali: The Alchemist of Happiness*, 2004.

[18] Dit zijn enkele verzen uit Ghazal 455 uit de Diwan-e Kabir (ook gekend als de Diwan-e Shams-e Tabrizi). Het gaat om een persoonlijke vertaling uit het Engels van de tekst die te vinden is op dar-al-Masnavi.org.

[19] Zie: Lewis, *Rumi: Past and Present, East and West*, (2000) 2003.

[20] Zie: Lewis, *Rumi*, 2003, p. 12.

[21] Lewis, *Rumi*, 2003, p. 10. (Mijn vertaling.)

[22] Zie: Schimmel, *Mystical Dimensions of Islam*, 1975, p.106.

[23] Schimmel, *Mystical Dimensions of Islam*, 1975, p.106. (Mijn vertaling.)

[24] Lings, *What is Sufism?*, (1975) 1993, pp. 17-19. Lings citeert Titus Burckhardt, Perennial Values in Islamic Art in *Mirror of the Intellect*, ch. 22, Quinta Essentia, 1987. (Mijn vertaling.)

[25] Zie: Bell, *The World's Muslims*, 2012

[26] Van Bommel, *Ahmed Yasawi*, 2013, p.16.

[27] Zie bijv.: Hossain, *Jashn-e-Khusrau 2013: Celebrating the Genius of Amir Khusrau*, 2014.

[28] Zie bijv.: Madrasah Ibtidaiyah Terpadu Al-Khairiyyah, *Walisongo. The Nine Sufi Saints of Java*, 2011.

[29] Zie ook: Murad, *Islamic Spirituality*, 2014.

[30] Bell, *The World's Muslims*, 2012. (Mijn vertaling.)

[31] Zie: Slaats, *Soefi's, Punkers & Poëten*, 2015.

[32] Geciteerd in: Slaats, *Soefi's, Punkers & Poëten*, 2015.

[33] Brown, *Salafis and Sufis in Egypt*, 2011, p.11. (Mijn vertaling.)

[34] Zie: Elifshafak.com, *Biography*, s.d.

[35] Zie: Amazon, *results for Books : Religion & Spirituality: Islam*, 2015.

[36] Zie bijv.: Puri, *Bulleh Shah in Punjabi Poetic Tradition*, 1997

[37] Zie bijv.: Waddel, *Trading Persian Tea for Seattle Coffee*, 2016.

[38] Zie bijv.: Manisakulishaber.com, *Selendi'de Yunus Emre'yi Anma Program*, 2016.

[39] M.t.a., *Islam ontsluierd: Moslimcultuur Vandaag*, 2007.

[40] Bell, *The World's Muslims*, 2012. (Mijn nadruk en mijn vertaling.)

[41] Zie bijv.: Frembgen, *At the Shrine of the Red Sufi: Five Days and Nights on Pilgrimagein Pakistan*, 2011; Broughton & Dalrymple, *Sufi Soul: The Mystic Music of Islam*, 2005.

[42] Zie bijv: Swiatoslaw, *Dhamal in Shah Jamal : Sufi whirling*, 2013.

[43] Geciteerd in: Atlas, *Mithu and Gonga Saien – Drums, drugs and devotion*, s.d.

[44] Zie bijv.: Danstrup, *Gnawa Trance - Red*, 2012.

[45] Zie bijv.: Biegman, *Zar ritual in Egypt*, 2011.

[46] Zie bijv.: Wojtkowiak, *Chechen female zikr: opening*, 2010.

[47] Zie: de Koning (e.a.), *Salafisme: Utopische idealen in een weerbarstige praktijk*, 2014.

[48] Zie: de Koning (e.a.), *'Eilanden in een zee van ongeloof' – Het verzet van activistische da 'wa-netwerken in België, Nederland en Duitsland*, 2014.

[49] Zie o.a.: Qadhi, *On Salafi Islam*, 2014; Kepel, *Jihad: The Trail of Political Islam*, 2006; Olidort, *The Politics of "Quietist" Salafism*, 2014; de Koning (e.a.), *Salafisme*, 2014; Mulder, *Salafistische moslims zijn meestal vreedzame utopisten*, 2016.

[50] Zie: Mulder, *Salafistische moslims zijn meestal vreedzame utopisten*, 2016; Meer specifiek voor de wijze waarop salafi's tegen al Qaeda ingingen, zie: Lambert, *Countering Al-Qaeda in London: Police and Muslims in Partnership*, 2012. En voor een overzicht met links naar verschillende salafistische weerlegging van de Daesh ideologie, zie bijvoorbeeld: Ibn Nasser, *A detailed (compilation) of ISIS*, 2014.

[51] Zie o.a.: Qadhi, *On Salafi Islam*, 2014; de Koning (e.a.), *Salafisme*, 2014; Brown, *Salafism*, 2009; Olidort, *The Politics of "Quietist" Salafism*, 2014; Lauzière, *The Making of Salafism: Islamic Reform in the Twentieth Century*, 2015.

[52] Zie o.a. Qadhi, *On Salafi Islam*, 2014; .; de Koning (e.a.), *Salafisme*, 2014; s.d.; *Dr. Jonathan AC Brown - What is Salafism?*, 2014

[53] Zie o.a.: Brown, *Salafism*, 2009; Brown, *Dr. Jonathan AC Brown - What is Salafism?*, 2014; Olidort, *The Politics of "Quietist" Salafism*, 2014.

[54] Zie bijv.: de Koning (e.a.), *Salafisme*, 2014; Brown, *Salafism*, 2009; Brown, *Dr. Jonathan AC Brown - What is Salafism?*, 2014.

[55] De verschillende jaartallen zijn publieke en toegankelijke informatie. Men kan ze bijv. heel eenvoudig op de Wikipediapagina's van de desbetreffende bewegingen en groeperingen terugvinden.

[56] Zie: Wikipedia, *Abul A'la Maududi*, s.d.

[57] Zie: Wikipedia, *Milestones (book)*, s.d.

[58] Zie bijv..: Oxford Islamic Studies Online, *Islamic Modernism and Islamic Revival*, s.d.; Lapidus, *Islamic Revival and Modernity: The Contemporary Movements and the Historical Paradigms*, 1997; Nasr, *European Colonialism and the Emergence of Modern Muslim States*, 1999.

[59] Zie. Commins, *The Wahhabi Mission and Saudi Arabia*, 2009

[60] Zie: Commins, *The Wahhabi Mission and Saudi Arabia*, 2009.

[61] Zie bijv.: Nasr, *European Colonialism and the Emergence of Modern Muslim States*, 1999.

[62] Zie: Wikipedia, *List of countries by oil production*, s.d.; Wikipedia, *List of countries by proven oil reserves*, s.d.

[63] Zie: Commins, *The Wahhabi Mission and Saudi Arabia*, 2015; Kepel, *Jihad*, 2006.

64 Zie bijv.: Kepel, *Jihad*, 2006; Kepel, *The War for Muslim Minds: Islam and the West*, 2004; Commins, *The Wahhabi Mission and Saudi Arabia*, 2015; Ottaway, *U.S. Eyes Money Trails of Saudi-Backed Charities*, 2004; AFP, *Zakir Naik wins Saudi prize for service to Islam*, 2015; Moniquet, *Policy Study: The Involvement of Salafism/Wahhabism in the Support and Supply of Arms to Rebel Groups around the World*, 2013; Choksy & Choksy, *The Saudi Connection: wahhabism and Global Jihad*, 2015; Wanandi, *Forget the West, Indonesia must act for its own sake*, 2002; Al Farsy, *King Fahd and Support for Islam – Introduction*, s.d.; Abou El Fadl, *The Great Theft: Wrestling Islam from the Extremists*, (2007) 2009; Danckaers, *Vlaamse moskeeën onder Saoedische invloed*, 2015; Ashraf, *The Islamization of Pakistan's Educational System: 1979-1989*, s.d.; Zaidi, *Noam Chomsky: General Zia ul Haq and Saudi Arabia destroyed Pakistan's public education*, 2014; Latifa, *Penetrations & (S)Permutations*, 2016; Busch, *WikiLeaks: Saudi-Financed Madrassas More Widespread in Pakistan Than Thought*, 2011.

65 Zie: Busch, *WikiLeaks: Saudi-Financed Madrassas More Widespread in Pakistan Than Thought*, 2011.

66 Voor een overzicht van enkele schattingen, zie: Wikipedia, *International propagation of conservative Sunni Islam*, s.d.

67 Zie bijv.: Slaats, *Soefi's, Punkers & Poëten*, 2015.

68 Zie bijv.: Qadir, *When Heterodoxy Becomes Heresy: Using Bourdieu's Concept of Doxa to Describe State-Sanctioned Exclusion in Pakistan*, 2015.

69 Zie bijv.: Merrill, *'Sinful': Video of British Muslims dancing to Pharrell Williams's hit Happy comes under attack*, 2014.

70 Zie: Atlas, *Dr. D. Latifa - The destruction of normative Islam*, 2014; Ahmed, *Islam's Lesser Muslims: When "Khuda" became "Allah"*. 2016.

71 Zie: Deutsche Welle, *'Petro-Islam' on the rise in Bangladesh*, 2011.

72 Zie: Ottaway, *U.S. Eyes Money Trails of Saudi-Backed Charities*, 2004.

73 Zie: Naegele, *Saudi Aid Workers Bulldoze Balkan Monuments*, 2000.

74 Zie: Hammer, *The Desert Blues*, 2015.

75 Zie bijv.: Baher, *Salafi intolerance threatens Sufis*, 2010.

76 Zie bijv.: Murad, *Islamic Spirituality*, 2014.

77 Zie bijv.: Brown, *Salafis and Sufis in Egypt*, 2011, p.4.

78 Zie bijv.: Ryad, *Van progressief naar conservatief: De wortels van het salafisme*, 2009; Commins, *The Wahhabi Mission and Saudi Arabia*, 2009.

79 Zie bijv: Yasir Qadhi, *On Salafi Islam*, 2014, Lauzière, *The Making of Salafism*, 2015; de Koning, *Salafisme!!1! – Waar hebben we het eigenlijk over?*, 2016; Umar, *Van progressief naar conservatief: De wortels van het salafisme*, 2009; Keller, *Who or what is a Salafi? Is their approach valid?*, 1995.

[80] Zie bijv.: Brown, *Salafism*, 2009.

[81] Zie bijv.: Moaddel, *Islamic Modernism, Nationalism, and Fundamentalism: Episode and Discourse*, 2005.

[82] Zie bijv.: Hassan, *A Comparative Study of Muslim and Christian Reform Discourses Relating to Women with Particular Reference to Egypt and England in the 19th and early 20th Centuries*, 2011.

[83] Zie: Brown, *Dr. Jonathan AC Brown - What is Salafism?*, 2014. Voor een exemplarisch voorbeeld van het verketteren van soefisme door salafi-aanhangers en predikers, zie: AbdurRahman.org, *Sufism is Not from Islam and it is Haram to Follow it*, 2013.

[84] Lewis, *Rumi*, 2003, p.457. Lewis baseert zich op Ridâ's *al-Manâr wa al-Azhâr*, Cairo, Matba'at al-Manâr, 1934, 171-2, zoals geciteerd in Albert Hourani, *Arabic Thought in the Liberal Age*, Cambridge, Cambridge University Press, 1983, p.225. (Mijn vertaling.)

[85] Zie bijv.: Scharbrodt, *The Salafiyya and Sufism: Muhammad 'Abduh and his Risalat al-Waridat (Treatise on Mystical Inspirations)*, 2007.

[86] Zie: Ryad, *Van progressief naar conservatief*, 2009, p.23.

[87] Zie bijv.: Cavanaugh, *The Myth of Religious Violence*, 2009; Armstrong, *Fields of Blood*, 2014.

[88] Zie bijv.: Murad, *Islamic Spirituality*, 2014; Safi, *Is Islamic Mysticism Really Islam?*, 2011; Keller, *The Place of Tasawwuf in Traditional Islamic Sciences*, 1995.

[89] Zie: Seyed-Gohrab, *Soefisme: Een levende traditie*, 2015, pp. 165-166.

[90] Zie bijv.: Murad, *Commentary on the Eleventh Contentions*, 2012, Islam On Demand, *The Salafi Fallacy - Abdal Hakim Murad*, 2012.)

[91] Zie bijv.: Lewis, *Rumi: Past and Present, East and West*, (2000) 2003.

[92] Zie bijv.: Hudson, *A Song and a prayer*, 2004; NPR Music, *Youssou N'Dour, Egypt and Islam*, 2004.

[93] Frembgen, *At the Shrine of the Red Sufi*, 2011, pp.78-80. (Mijn vertaling.)

[94] See for example: Frembgen, *Journey to God: Sufis and Dervishes in Islam*, 2008.

[95] Zie bijv.: Islam, *Pir prognosis: Using rape as a 'cure' for migraines*, 2011 en Gregorius, *Pakistan's holy men under fire*, 1999.

[96] Zie: Murad, *Islamic Spirituality*, 2014; Schimmel, *Mystical Dimensions of Islam*, 1975.

[97] Schimmel, *Mystical Dimensions of Islam*, 1975, p.20.

[98] Schimmel, *Mystical Dimensions of Islam*, 1975, p.22. (Mijn vertaling.)

[99] Geciteerd in Schimmel, *Mystical Dimensions of Islam*, 1975, p.21 met als verwijzing: Muhammad 'Urfi Shirazi, *Kulliyat*, ed. Ali Jawahiri (Tehran, 1336 sh./1975), p.448. (Mijn vertaling.)

[100] Davis. *Faces of Love: Hafez and the Poets of Shiraz*. 2012.

[101] Lewis, *Rumi*, 2003.

[102] Zie: Kültür ve Turizm Bakanlığı, *Konya Türk Tasavvuf Müziği Topluluğu*, s.d.

[103] Zie: Oakes, *A Very Short Introduction to the Senussi Order*, 2012; Oakes, *Libya: The History of Gaddafi's Pariah State*, 2011; Schwartz, *The Sufi Foundation of Libya's Revolution*, 2011. Interessant is ook Vandewalle, *A History of Modern Libya*, 2006. De auteur (Dirk Vandewalle) is een professor in 'Middle East Politics' aan de Ivy League universiteit Darthmout College. Zijn boek werd dan ook gepubliceerd werd door de Cambridge University Press. In de inleiding wordt de revolte en het uiteindelijke koningschap van de Senussi vermeld, maar de achtergrond van de Senussi wordt er louter vermeld als een soort algemene reactionaire vorm van islam. Hoewel je elementen kan opmerken die duidelijk gelieerd zijn aan traditionele invullingen van de lokale soefitariqa's (zoals bijvoorbeeld het opzetten van zawiya, een soort spirituele gemeenschapshuizen) wordt de groep enkel met de Wahabi's vergeleken.

[104] Zie: Seyed-Gohrab, *Soefisme. Een levende traditie*, 2015, p. 162.

[105] Zie: Bruinessen, *Popular Islam, Kurdish nationalism and rural revolt: the rebellion of Shaikh Said in Turkey (1925)*, 1984.

[106] Zie: Lewis, *Rumi*, 2003, p.452.

[107] Zie bijv.: Yalman, *Heilbrunn Timeline of Art History: The Art of the Safavids before 1600*, 2002.

[108] Zie: Seyed-Gohrab, *Soefisme*, 2015, p.168.

[109] Seyed-Gohrab, *Soefisme*, p.168-169.

[110] Seyed-Gohrab, *Soefisme*, p.171.

[111] Zie: Seyed-Gohrab, *Soefisme*, p.171.

[112] Zie: Schimmel, *Mystical Dimensions of Islam*, 1975, p.68.

[113] Seyed-Gohrab, *Soefisme*, pp.176-180.

[114] Zie bijvoorbeeld: Arash, *Turkey PM Erdoğan sparks row over abortion*, 2012.

[115] Zie bijv.: Bobb, *Human rights office expresses concern over use of excessive force against peaceful protestors in Turkey*, 2013.

[116] Zie: Sarıoğlu e.a. *Erdoğan's 'Ak Saray' likened to Alamut Castle, Ceausescu's Palace*, 2014; Khan, *Turkey: Erdoğan's New Presidential Palace 30 Times Larger Than the White House*, 2014.

[117] Zie: Heper, *Islam, Conservatism, and Democracy in Turkey: Comparing Turgut Özal and Recep Tayyip Erdoğan*, 2013.

[118] Zie: Heper, *Islam, Conservatism, and Democracy in Turkey*, p.148.

[119] Zie: Demirci, *Modernisation, religion and politics in Turkey: The Case of the Iskenderpaşa Community*, 2008.

[120] Zie: Demirci, *Modernisation, religion and politics in Turkey*, 2008.

121 Demirci, *Modernisation, religion and politics in Turkey*, 2008, p. 142. (Mijn vertaling.)

122 Zie: Osmanlı Dergahı, *Shaykh Nazim. Abdullah Gul. Recep Tayyip Erdoğan. Necmettin Erbakan*, 2015.

123 Zie: Gibbons, *Erdoğan's fall from grace in Turkey is pure Shakespearean tragedy*, 2013; Kiper, *Sultan Erdoğan: Turkey's Rebranding Into the New, Old Ottoman Empire*, 2013; Erken, *Re-Imagining the Ottoman Past in Turkish Politics: Past and Present*, 2013.

124 Zie: Aktif Haber, *Taksim Gezi Parkı'nın Tarihçesi*, 2013.

125 Zie: Butler & Ergin, *New bridge linking Europe and Asia embodies Turkey's rise*, 2013.

126 Tharoor, *Why Turkey's president wants to revive the language of the Ottoman Empire*, 2014.

127 Agence France-Presse in Ankara, *Abbas welcomed at Turkish presidential palace by Erdoğan – and 16 warriors*, 2015.

128 Demirci, *Modernisation, religion and politics in Turkey*, 2008, p. 127.

129 Zie bijv.:fgulen.com, *Introducing Fethullah Gülen*, 2010.

130 Zie bijv.: Zalewski, *Erdoğan turns on Gulenists' 'parallel state' in battle for power*, 2014, en Kilinc, *The rift between the AKP and Gulen movement in Turkey*, 2015.

131 Zie bijv.: Jenkins, *Narrative Veils: Erdoğan, the AKP and the Gulenist Arrests*, 2014.

132 Zie: van Bruinessen, Martin, *De Fethullah Gülenbeweging in Nederland: Een rapport opgesteld op verzoek van de Minister voor Wonen, Wijken en Integratie*, 2010.

133 Zie: Berlinski, *Who Is Fethullah Gülen?*, 2012.

134 Zie: Turner & Horguc. *Said Nursi (Makers of Islamic Civilization)*, 2009.

135 Mooijman, *Islamitische Jezuïet met veel macht*, 2016.

136 Zie: BBC, *Recep Tayyip Erdogan - Turkey's bruised battler*, 2015; BBC, *Recep Tayyip Erdoğan: Turkey's ruthless president*, 2016.

137 Zie bijv.: Minhaj-ul-Quran International, *A Profile of Shaykh-ul-Islam Dr Muhammad Tahir-ul-Qadri*, s.d.; Tahir-ul-Qadri, *Dr Tahir-ul-Qadri belongs to middle class*, 2012.

138 Mqina-houston, *CNN's coverage of Dr. Tahir ul Qadri's Fatwa on Terrorism*, 2013.

139 Zie: Caryl, *Sheikh to Terrorists: Go to Hell*, 2010.

140 Frost over the World, *Dr Tahir ul Qadri Live Interview in Frost Over the World on Terrorism Issue*, s.d.

141 Minhaj-ul-Quran International,, *Terroristen gaan naar de hel*, 2010 (Op de site van de *Knack* is het artikel niet meer te vinden, maar het werd wel overgenomen op de site van Tahir ul-Qadri's organisatie.)

142 Zie: Holden, *Pakistani cleric launches anti-ISIS curriculum in Britain*, 2015.

143 Zie: Wyatt, *Cleric launches 'counter-terrorism' curriculum*, 2015; Muffet, *Can a book help Muslims beat extremism?*, 2015.

[144] Zie: Elliot & Aoun, *Cleric's 'million-man march' attracts 50,000 Pakistani protesters*, 2013.

[145] Zie bijv.: Michaelsen *Manic Street Preacher*, 2013, O'Toole & Khan, *Tahir ul-Qadri: A political 'enigma'*, 2014; Dawn, *Profile: Dr Muhammad Tahirul Qadri*, 2013.

[146] Zie: Tassier, *Fatwa moet terroristen in de dop doen nadenken*, 2010.

[147] Zie: Tassier, *Fatwa moet terroristen in de dop doen nadenken*, 2010. Het andere artikel is: Fdb, *Fatwa in het Engels over zelfmoordterrorisme*, 2010.

[148] Jvt & Belga, *Tweede dag van massaal protest in Pakistan*, 2013.

[149] Jvt, *Pakistaans Hooggerechtshof beveelt arrestatie premier*, 2013; esn, *Opperrechters eisen arrestatie premier*, 2013.

[150] Jb, *'Pakistaanse politici zijn democratisch verkozen dieven'*, 2013.

[151] Fdb, *Fatwa in het Engels over zelfmoordterrorisme*, 2010.

[152] Jvt, *Leger ontzet openbare omroep in Pakistan*, 2014; De Standaard, *'Weg met Pakistaanse premier'*, 2014; Reuters, *Ex-cricketster onderhandelt met regering over onrust*, 2014; jb, *Boze Pakistanen zijn niet in toom te houden*, 2014.

[153] De Standaard, *Muhammad Tahir-ul-Qadri*, 2014.

[154] Minhaj-ul-Quran International, *Pakistan Awami Tehreek*, s.d.

[155] Zie: Casciani, *Islamic scholar Tahir ul-Qadri issues terrorism fatwa*, 2010.

[156] Zie bijv.: BBC, *Pakistan: Imran Khan, Tahirul Qadri lead protest march*, 2014; BBC, *Pakistan: Islamabad police clash with Qadri supporters*, 2014; BBC, *Pakistan police and Qadri supporters in deadly clash*, 2014.

[157] BBC, *Pakistan Qadri protesters 'paid'*, 2014.

[158] Zie: Wyatt *Cleric launches 'counter-terrorism' curriculum*, 2015. Ook in het geval van een BBC videoverslag over diezelfde syllabus en hoe Tahir-ul-Qadri's organisatie daarmee aan de slag gaat wordt op geen enkel moment verwezen naar Tahir-ul-Qadri's betrokkenheid in de Pakistaanse politiek. Zie: Muffet, *Can a book help Muslims beat extremism?*, 2015.

[159] Latifa, *Penetrations & (S)Permutations*, 2016. (Mijn vertaling.)

[160] Armstrong, *A Short History of Myth*, 2004. (Mijn vertaling.)

[161] Geciteerd in: Chittick, *The Essential Seyyed Hossein Nasr*, 2007. (Mijn vertaling.)

[162] Murad, *Forgiveness and Justice: meditations on some hadiths*, s.d. (Mijn vertaling.)

[163] Zie: Lewis, *Rumi*, 2003, p. 321.

[164] Frembgen, *Journey to God: Sufis and Dervishes in Islam*, 2008.

[165] Zie bijv.: Soelle, *The Silent Cry: Mysticism and Resistance*, (1997) 2001.

[166] Geciteerd in: Atlas, *Muazzam Fateh Ali Khan – Sufis, extremists and Madonna*, 2014.

¹⁶⁷ Zie bijv.: Schimmel, *Mystical Dimensions of Islam*, 1975; Lings, *What is Sufism?*, 1993; Danner, *The Necessity for the Rise of the Term Sūfī*, 1972; Karamustafa, *Sufism: The Formative Period*, 2007.

¹⁶⁸ Zie bijv.: Karamustafa, *Sufism: The Formative Period*, 2007; Frembgen, *Journey to God: Sufis and Dervishes in Islam*, 2008.

¹⁶⁹ Zie bijv: Frembgen, *Journey to God: Sufis and Dervishes in Islam*, 2008.

¹⁷⁰ Zie bijv: Slaats, *Soefi's, Punkers & Poëten*, 2015.

¹⁷¹ Zie bijv.: Schimmel, *Mystical Dimensions of Islam*, 1975, p.99. Haar eigen verwijzing naar Sana'i, Abu'l-Majd Majdud, *Sana'i'abad*, vers 39 (Mijn vertaling)

¹⁷² Schimmel, *Mystical Dimensions of Islam*, 1975, p.98. Zij verwijst zelf al-'Ibadi Qutbaddin, *At-tasfiya fi ahwal as-sufiya, or Sufiname*, ed. Ghulam Muhammad Yusufi, Tehran, 1347 sh./1968, p.15. (Mijn vertaling.)

¹⁷³ Shahidullah, *The Meaning of Tasawwuf*, s.d.

¹⁷⁴ Zie: Keller, *The Place of Tasawwuf in Traditional Islamic Sciences*, 1995.

¹⁷⁵ Murad, *Islamic Spirituality*, 2014. (Mijn vertaling.)

¹⁷⁶ Murad, *Islamic Spirituality*, 2014.

¹⁷⁷ Zie bijv.: Gill, *Bernard of Clairvaux*, s.d.

¹⁷⁸ Freeman (e.a.), *Franciscus van Assisi: De geschriften*, 2004.

¹⁷⁹ Hopital Notre-Dame à la Rose, *Schilderijen - De bewening van Christus*, s.d. (Mijn nadruk.)

¹⁸⁰ Zie: Lepoutte Pascal, *Une peinture représentant le Christ barbu avec des seins de femme*, 2014; Devroe, *Museum Hôpital Notre-Dame à la Rose*, s.d.

¹⁸¹ Vertaling van Van Bommel, *De zeven adviezen van Djalâl'ud-Dîn Rûmî*, .s.d.

BIBLIOGRAFIE

VAN DE GECITEERDE EN GEREFEREERDE WERKEN

Abou El Fadl, Khaled. *The Great Theft: Wrestling Islam from the Extremists.* (Kindle ed.) Harper Collins, (2007) 2009.

AFP. *Zakir Naik wins Saudi prize for service to Islam.* 02 03 2015. http://www.dawn.com/news/1166900 (geopend 09 04 2016).

Agence France-Presse in Ankara. *Abbas welcomed at T urkish presidential palace by Erdoğan – and 16 warriors.* 12 01 2015. http://www.theguardian.com/world/2015/jan/12/abbas-erdogan-16-warriors-turkish-presidential-palace (geopend 16 07 2015).

Ahmed, Alia P. *Islam's Lesser Muslims: When "Khuda" became "Allah".* The Lobe Blog,02 09 2016. lobelog.com/islams-lesser-muslims-when-khuda-became-allah/ (last visited 20 05 2017)

Aktif Haber. *Taksim Gezi Parkı'nın Tarihçesi.* 01 06 2013. http://www.aktifhaber.com/taksim-gezi-parkinin-tarihcesi-796996h.htm (geopend 11 08 2016).

Al Farsy, Fouad. *King Fahd and Support for Islam - Introduction.* sd. http://www.kingfahdbinabdulaziz.com/main/m000.htm (geopend 10 04 102016).

Amazon.com. *results for Books : Religion & Spirituality: Islam.* sd. http://www.amazon.com/s/ref=lp_22_nr_n_5?fst=as%3Aoff&rh=n%3A283155%2C n%3A%211000%2Cn%3A22%2Cn%3A12522&bbn=22&ie=UTF8&qid=1437493904 &rnid=22 (geopend 15 06 2015).

Angelpeream. *Islam branches and schools.svg.* sd. http://en.wikipedia.org/wiki/Islam (geopend 06 06 2015).

Arash, Ahmadi. *Turkey PM Erdoğan sparks row over abortion.* 2012. http://www.bbc.com/news/world-europe-18297760 (geopend 16 07 16 2015).

Armstrong, Karen. *A Short History of Myth.* (Kindle ed.) Canongate Books, 2004.

Armstrong, Karen. *Fields of Blood: Religion and the History of Violence.* (Kindle ed.) The Bodley Head, 2014.

Ashraf, Nasim. *The Islamization of Pakistan's Educational System: 1979-1989*. In *Viewpoints Special Edition: The Islamization of Pakistan, 1979-2009*, sd: 25-28.

Atlas, Jonas Yunus. *Dr. D. Latifa - The destruction of normative Islam*. 19 02 2014. http://www.halalmonk.com/dr-d-latifa-normative-islam (geopend 08 05 08 2016).

Atlas, Jonas Yunus.. *Mithu and Gonga Saien – Drums, drugs and devotion*. 06 01 2014. http://www.halalmonk.com/mithu-and-gonga-saien-%E2%80%93-drumming-for-the-saints (geopend 13 05 2016).

Atlas, Jonas Yunus. *Muazzam Fateh Ali Khan – Sufis, extremists and Madonna*. 02 04 2014. http://www.halalmonk.com/muazzam-fateh-ali-khan-%E2%80%93-sufis-extremists-and-madonna (geopend 12 05 2016).

BBC. *Pakistan police and Qadri supporters in deadly clash*. 09 08 2014. http://www.bbc.com/news/world-asia-28723254 (geopend 15 07 2015).

BBC. *Pakistan Qadri protesters 'paid'*. 08 09 2014. http://www.bbc.com/news/world-asia-29106266 (geopend 15 07 2015).

BBC. *Pakistan: Imran Khan, Tahirul Qadri lead protest march, BBC 2014,*. 14 08 2014. http://www.bbc.com/news/world-asia-28770311 (geopend 12 05 2016).

BBC. *Pakistan: Islamabad police clash with Qadri supporters,*. 23 06 2014. http://www.bbc.com/news/world-asia-27971351 (geopend 15 07 2015).

BBC. *Recep Tayyip Erdogan - Turkey's bruised battler*. 2015. http://www.bbc.com/news/world-europe-13746679 | kopie op http://www.jonasyunus.net/sites/default/files/2016-11/bbc-Recep-Tayyip-Erdogan-Turkeys-bruised-battler.pdf (geopend 15 07 2015).

BBC. *Recep Tayyip Erdogan: Turkey's ruthless president*. 21 07 2016. http://www.bbc.com/news/world-europe-13746679 | kopie op: http://www.jonasyunus.net/sites/default/files/2016-11/bbc-Recep-Tayyip-Erdogan-Turkeys-ruthless-president.pdf (geopend 15 07 2015).

Bell, James. „The World's Muslims: Unity and Diversity." *Pew Research Center's Forum on Religion & Public Life*. 2012. http://www.pewforum.org/Muslim/the-worlds-muslims-unity-and-diversity.aspx (geopend 09 05 2016).

Berlinski, Clair. *Who Is Fethullah Gülen?* 2012. http://www.city-journal.org/html/who-fethullah-g%C3%BClen-13504.html (geopend 11 08 2016).

Biegman, Ivo. *Zar ritual in Egypt*. 19 05 2011. https://www.youtube.com/watch?v=YNiUc4W5Kzo (geopend 13 05 2016).

Bobb, Donn. *Human rights office expresses concern over use of excessive force against peaceful protestors in Turkey*. 2013. http://www.unmultimedia.org/radio/english/2013/06/human-rights-office-expresses-concern-over-use-of-excessive-force-against-peaceful-protestors-in-turkey/index.html (geopend 16 07 2015).

Broughton, Simon & Dalrymple, William. *Sufi Soul: The Mystic Music of Islam*. MWTV. 2005.

Brown, Jonathan. *Dr. Jonathan AC Brown - What is Salafism?* 10 07 2014.
https://www.youtube.com/watch?v=PcxVXqHz-v0 (geopend 25 07 2015).

Brown, Jonathan. *Salafis and Sufis in Egypt (The Carnegie Papers)*. Washington, D.C.:
Carnegie Endowment for International Peace, 2011.

Bülent, Sarıoğlu, en Erdem, Erdinç, Çelikkan Umut. *Erdoğan's 'Ak Saray' likened to
Alamut Castle, Ceausescu's Palace.* 05 11 2014.
http://www.hurriyetdailynews.com/erdogans-ak-saray-likened-to-alamut-castle-
ceausescus-palace.aspx?pageID=238&nID=73936&NewsCatID=338 (geopend 16 07
2015).

Busch, Michael. *WikiLeaks: Saudi-Financed Madrassas More Widespread in Pakistan
Than Thought.* 26 05 2011. http://fpif.org/wikileaks_saudi-
financed_madrassas_more_widespread_in_pakistan_than_thought/ (geopend 11 11
2015).

Butler, Daren, en Evrim Ergin. *New bridge linking Europe and Asia embodies Turkey's
rise.* 29 05 2013. http://www.reuters.com/article/2013/05/29/us-turkey-bridge-
idUSBRE94S0ST20130529 (geopend 16 07 2015).

Caryl, Christian. *Sheikh to Terrorists: Go to Hell.* 14 04 2010.
http://foreignpolicy.com/2010/04/14/sheikh-to-terrorists-go-to-hell/ (geopend 15 07
2015).

Cascianin, Dominic. *Islamic scholar Tahir ul-Qadri issues terrorism fatwa.* 02 03 2010.
http://news.bbc.co.uk/2/hi/uk_news/8544531.stm (geopend 15 07 2015).

Cavanaugh, William T. *The Myth of Religious Violence: Secular Ideology and the Roots of
Modern Conflict.* (Kindle ed.) Oxford University Press, 2009.

Chittick, William C., red. *The Essential Seyyed Hossein Nasr.* (Kindle ed.) World
Wisdom, 2007.

Choksy, Carol E. B., en Jamsheed K. Choksy. *The Saudi Connection: Wahhabism and
Global Jihad.* 2015. http://www.worldaffairsjournal.org/article/saudi-connection-
wahhabism-and-global-jihad (geopend 11 11 2015).

Cinar, Kiper. *Sultan Erdoğan: Turkey's Rebranding Into the New, Old Ottoman Empire.*
05 04 2013. http://www.theatlantic.com/international/archive/2013/04/sultan-
erdogan-turkeys-rebranding-into-the-new-old-ottoman-empire/274724/ (geopend
16 07 2015).

Commins, David. *The Wahhabi Mission and Saudi Arabia.* (Kindle ed.) London: I.B.
Taurus, 2009

Danckaers, Tinne. *Vlaamse moskeeën onder Saoedische invloed.* 09 03 2015.
http://www.mo.be/nieuws/vlaamse-moskeeen-onder-saoedische-invloed (geopend
10 04 2016).

Danner, Victor. *The Necessity for the Rise of the Term Sūfī.* In *Studies in Comparative
Religion*, 1972.

Danstrup, Peter. *Gnawa Trance - Red.* 07 02 2010.
https://www.youtube.com/watch?v=BOzbhIlrQu0 (geopend 13 05 2016).

Davis, Dick. *Faces of Love: Hafez and the Poets of Shiraz*. Penguin Books, 2012.

De Botton, Alain. *Atheisme 2.0*. 07 2011.
http://www.ted.com/talks/alain_de_botton_atheism_2_0 (geopend 29 05 2015).

de Koning, Martijn, Ineke Roex, Becker, Carmen, en Pim Aarns. *'Eilanden in een zee van ongeloof' – Het verzet van activistische da 'wa-netwerken in België, Nederland en Duitsland*. IMES, Instituut voor Migratie en Etnische Studies, Universiteit van Amsterdam, 2014.

de Koning, Martijn, Joas Wagemakers, en Carmen Becker. *Salafisme: Utopische idealen in een weerbarstige praktijk* . Parthenon, 2014.

De Standaard. *'Weg met Pakistaanse premier'*. 02 09 2014.
http://www.standaard.be/cnt/dmf20140901_01245397 (geopend 15 07 2015).

Demirci, Emin Yaşar. *Modernisation, religion and politics in Turkey: The Case of the Iskenderpaşa Community*. Insan publications, 2008.

Dergahı, Osmanlı. *Shaykh Nazim. Abdullah Gul. Recep Tayyip Erdogan. Necmettin Erbakan*. sd. http://www.youtube.com/watch?v=VhfnHKgF-yw (geopend 18 07 2015).

Deutsche Welle. *'Petro-Islam' on the rise in Bangladesh*. 20 06 2011.
http://www.dw.com/en/petro-islam-on-the-rise-in-bangladesh/a-6552859-1 (geopend 25 11 2015).

Elifshafak.com. *Biography*. sd. http://www.elifshafak.com/biography.php (geopend 09 07 2015).

Erken, Ali. *Re-Imagining the Ottoman Past in Turkish Politics: Past and Present*. In *Insight Turkey* 15, nr. 3, 2013. pp.171-188.

Esn. *Opperrechters eisen arrestatie premier*. 16 01 2013.
http://www.standaard.be/cnt/dmf20130115_00434783 (geopend 15 07 2015).

Fdb, jpost, en hln. *Fatwa in het Engels over zelfmoordterrorisme*. 02 03 2010.
http://www.standaard.be/cnt/dmf20100302_051 (geopend 15 07 2015).

fgulen.com. *Introducing Fethullah Gülen*. 08 04 2010.
https://www.fgulen.com/en/fethullah-gulens-life/about-fethullah-gulen/introducing-fethullah-gulen (geopend 16 07 2015).

Francis, Elliot, en Sahih Aoun. *Cleric's 'million-man march' attracts 50,000 Pakistani protesters*. 14 01 2013.
http://www.thetimes.co.uk/tto/news/world/asia/article3657625.ece (geopend 15 07 2015).

Freeman, G.P., H. Bisschops, B. Corveleyn, J. Hoeberichts, en A. Jansen. *Franciscus van Assisi: De Geschriften*. Haarlem: Gottmer, 2014.

Frembgen, Jürgen Wasim. *Journey to God: Sufis and Dervishes in Islam*. Vertaald uit het Duits door Ripken, Jane. Oxford University Press, 2008.

Frembgen, Jürgen Wasim. *At the Shrine of the Red Sufi: Five Days and Nights on Pilgrimage in Pakistan*. Oxford University Press, 2011.

Frost over the World. *Dr Tahir ul Qadri Live Interview in Frost Over the World on Terrorism Issue*. 02 03 2010. https://www.youtube.com/watch?v=NlMiRXzXrY8 (geopend 15 07 2015).

Gibbons, Fiachra. *Erdoğan's fall from grace in Turkey is pure Shakespearean tragedy*. 19 07 2013. http://www.theguardian.com/commentisfree/2013/jun/19/erdogan-turkey-shakespearean-tragedy (geopend 16 07 2015).

Gill, Katherine. *Bernard of Clairvaux*. sd. http://people.bu.edu/dklepper/RN413/bernard_sermons.html (geopend 04 08 2015).

Grossman, Cathy Lynn. *Survey: 72% of Millennials 'more spiritual than religious'*. 14 10 2010. http://usatoday30.usatoday.com/news/religion/2010-04-27-1Amillfaith27_ST_N.htm (geopend 03 05 2016).

Hammer, Joshua. *The Desert Blues*. 01 05 2015. https://read.atavist.com/the-desert-blues (geopend 14 04 2016).

Heper, Metin. *Islam, Conservatism, and Democracy in Turkey: Comparing Turgut Özal and Recep Tayyip Erdoğan*. In *Insight Turkey* 15, nr. 2, 2013.

Holden, Michael. *Pakistani cleric launches anti-ISIS curriculum in Britain*. 23 07 2015. http://www.reuters.com/article/2015/06/23/us-britain-security-curriculum-idUSKBN0P31P820150623 (geopend 15 07 2015).

Hopital Notre-Dame à la Rose. *Schilderijen - De bewening van Christus*. sd. http://www.notredamealarose.com/het-museum/kunstcollecties/schilderijen/?lang=nl (geopend 04 08 2015).

Hossain, Shakeel, red. *Jashn-e-Khusrau 2013: Celebrating the Genius of Amir Khusrau*. Aga Khan Trust for Culture, 2014.

Hozien, Muhammad. *Main: Corpus : Ihya' 'ulum al-din (Revival of the Religious Sciences)*. 2013. http://www.ghazali.org/site/ihya.htm (geopend 11 05 2016).

Hudson, Mark. *A Song and a prayer*. 23 05 2004. http://www.theguardian.com/music/2004/may/23/worldmusic.islam (geopend 14 04 2016).

Ibn Nasser, Uzair. *A detailed (compilation) of ISIS*. 12 07 2014. https://uzairibnnasser.wordpress.com/2014/07/12/a-detailed-compilation-refutation-of-isis/ (geopend 15 04 2016).

Ibrahim, Baher. *Salafi intolerance threatens Sufis*. 10 05 2010. http://www.theguardian.com/commentisfree/belief/2010/may/10/islam-sufi-salafi-egypt religion (geopend 14 05 2016)

Ishan, Tharoor. *Why Turkey's president wants to revive the language of the Ottoman Empire*. 12 12 2014. https://www.washingtonpost.com/news/worldviews/wp/2014/12/12/why-turkeys-president-wants-to-revive-the-language-of-the-ottoman-empire/ (geopend 16 07 2015).

Islam, Shamsul. *Pir prognosis: Using rape as a 'cure' for migraines*. 17 10 2011.
http://tribune.com.pk/story/275402/pir-prognosis-using-rape-as-a-cure-for-migraines/ (geopend 11 05 2016).

jb. *Boze Pakistanen zijn niet in toom te houden*. 19 08 2014.
http://www.standaard.be/cnt/dmf20140818_01221955 (geopend 12 05 2016).

Jenkins, Gareth. *Narrative Veils: Erdoğan, the AKP and the Gulenist Arrests*. In *The Turkey Analyst* 7, nr. 23, 12 2014.

Jvt. *Leger ontzet openbare omroep in Pakistan*. 01 09 2014.
http://www.standaard.be/cnt/dmf20140901_01244124 (geopend 15 07, 2015).

jvt, Belga, en BBC. *Pakistaans Hooggerechtshof beveelt arrestatie premier*. 15 01 2013.
http://www.standaard.be/cnt/dmf20130115_00433815 (geopend 15 07 2015).

Jvt, en Belga. *Tweede dag van massaal protest in Pakistan* . 15 01 2013.
http://www.standaard.be/cnt/dmf20130115_00433757 (geopend 15 07 2015).

Karamustafa, Ahmet T. *Sufism: The Formative Period*. Edinburgh: Edinburgh University Press, 2007.

Keller, Nu Ha Mim. *Who or what is a Salafi? Is their approach valid?* 1995.
http://masud.co.uk/who-or-what-is-a-salafi-is-their-approach-valid/ (geopend 14 08 2016).

Keller, Nuh Ha Mim. *The Place of Tasawwuf in Traditional Islamic Sciences*. 1995.
http://masud.co.uk/the-place-of-tasawwuf-in-traditional-islamic-sciences/ (geopend 14 08 2016).

Kepel, Gilles. *Jihad: The Trail of Political Islam*. Vertaler: Anthony F. Roberts. London: I.B. Taurus, (2000) 2006.

Khan, Maria. *Turkey: Erdoğan's New Presidential Palace 30 Times Larger Than the White House*. 05 11 2014. http://www.ibtimes.co.uk/turkey-erdogans-new-presidential-palace-30-times-larger-white-house-1473173 (geopend 16 07 2015).

Kilinc, Ramazan. *The rift between the AKP and Gulen movement in Turkey*. 2015.
http://pomeps.org/2015/06/17/the-rift-between-the-akp-and-gulen-movement-in-turkey (geopend 16 07 2015).

Kültür ve Turizm Bakanlığı. *Konya Türk Tasavvuf Müziği Topluluğu*. sd.
http://www.kttmt.com/ (geopend 18 07 2015).

Lambert, Robert. *Countering Al-Qaeda in London: Police and Muslims in Partnership*. Hurst, 2012.

Lapidus, Ira M. *Islamic Revival and Modernity: The Contemporary Movements and the Historical Paradigms*. In *Journal of the Economic and Social History of the Orient* (Brill) 40, nr. 4, 1997. pp.444-460.

Latifa, D. *Penetrations and (S)Permutations: A Psychological Exploration of Modernity, Islam and Fundamentalisms*. Gent: Yunus Publishing, 2015.

Lepoutte, Pascal. *Une peinture représentant le Christ barbu avec des seins de femme* . 01 10 2014. http://www.lavenir.net/cnt/dmf20140929_00536081 (geopend 07 08 2015).

Lewis, Franklin D. *Rumi: Past and Present, East and West.* Oxford: Oneworld Publications, (2000) 2003.

Lings, Martin. *What is Sufism?* The Islamic Texts Society, (1975) 1993.

M.t.a. *De Islam Ontsluierd: Moslimcultuur Vandaag.* De Standaard, 2007.

Madrasah Ibtidaiyah Terpadu Al-Khairiyyah. *Walisongo: The Nine Sufi Saints of Java.* 05 10 2011. http://miwitihombo.blogspot.be/2011/10/walisongo-ternyata-tidak-hanya-songo.html (geopend 09 05 2016).

Manisakulishaber.com. *Selendi'de Yunus Emre'yi Anma Program.* 07 05 2016. http://www.manisakulishaber.com/gundem/selendide-yunus-emreyi-anma-programi/19476/ (geopend 13 05 2016).

Merrill, Jamie. *'Sinful': Video of British Muslims dancing to Pharrell Williams's hit Happy comes under attack.* 19 04 2014. http://www.independent.co.uk/arts-entertainment/music/features/sinful-video-of-british-muslims-dancing-to-pharrell-williamss-hit-happy-comes-under-attack-9268418.html (geopend 25 11 2015).

Michaelsen, Marcus. *Manic Street Preacher.* 24 01 2013. https://en.qantara.de/content/the-pakistani-religious-cleric-tahir-ul-qadri-manic-street-preacher (geopend 15 07 2015).

Minhaj-ul-Quran International . *Pakistan Awami Tehreek.* sd. http://en.minhaj.org.pk/wiki/Pakistan_Awami_Tehreek (geopend 15 07 2016).

Minhaj-ul-Quran International. *A Profile of Shaykh-ul-Islam Dr Muhammad Tahir-ul-Qadri.* sd. http://www.minhaj.org/english/tid/8718/A-Profile-of-Shaykh-ul-Islam-Dr-Muhammad-Tahir-ul-Qadri.html (geopend 15 07 2015).

Moaddel, Mansoor. *Islamic Modernism, Nationalism, and Fundamentalism: Episode and Discourse.* University of Chicago Press, 2005.

Moniquet, Claude. *Policy Study: The Involvement of Salafism/Wahhabism in the Support and Supply of Arms to Rebel Groups around the World.* Policy Department, European Parliament: Directorate General for External Policies, 2013.

Mooijman, Ruben. *Islamitische Jezuïet met veel macht.* 23 06 2016. http://www.standaard.be/cnt/dmf20160722_02395372 (geopend 11 08 2016).

Mqina-houston. *CNN's coverage of Dr. Tahir ul Qadri's Fatwa on Terrorism.* 03 2013. http://www.dailymotion.com/video/xy3sc8_cnn-s-coverage-of-dr-tahir-ul-qadri-s-fatwa-on-terrorism_shortfilms (geopend 15 072015).

Muffet, Tim. *Can a book help Muslims beat extremism?* 23 06 2015. http://www.bbc.com/news/uk-33235583 (geopend 15 07 2015).

Mulder, Eildert. *Salafistische moslims zijn meestal vreedzame utopisten.* 12 05 2014. http://www.trouw.nl/tr/nl/4728/Islam/article/detail/3653613/2014/05/12/Salafistische-moslims-zijn-meestal-vreedzame-utopisten.dhtml (geopend 15 04 2016).

Murad, Abdal Hakim. *Commentary on the Eleventh Contentions.* Quilliam Press, 2012.

Murad, Abdal Hakim. *Forgiveness and Justice: meditations on some hadiths.* http://masud.co.uk/ISLAM/ahm/HadithsonJustice.pdf (geopend 13 04 2016).

Murad, Abdal Hakim. *Islamic Spirituality: the forgotten revolution*. 06 07 2014. http://masud.co.uk/islamic-spirituality-the-forgotten-revolution/ (geopend 14 08 2016).

Naegele, Jolyon. *Saudi Aid Workers Bulldoze Balkan Monuments* . 04 08 2000. http://www.rferl.org/content/article/1142212.html (geopend 11 11, 2015).

Nahla, Hassan. *A Comparative Study of Muslim and Christian Reform Discourses Relating to Women with Particular Reference to Egypt and England in the 19th and early 20th Centuries*. http://dspace.stir.ac.uk/bitstream/1893/3668/1/Nahla%20Hassan.pdf: University of Sterling, 2011.

Nasr, Seyyed Hossein, *The Heart of Islam: Enduring Values for Humanity*. Harper Collins, 2002.

Nasr, S.V.R. *European Colonialism and the Emergence of Modern Muslim States*. In Esposito, John L. (ed.).*The Oxford History of Islam*. Oxford University Press, 1999.

NPR Music. *Youssou N'Dour, Egypt and Islam*. 02 06 2004. http://www.npr.org/templates/story/story.php?storyId=3097000 (geopend 14 04 2016).

O'Toole, Megan, en Ali Khan. *Tahir ul-Qadri: A political 'enigma'*. 22 10 2014. http://www.aljazeera.com/indepth/features/2014/10/tahir-ul-qadri-political-enigma-pakistan-2014102271530973245.html (geopend 15 07 2015).

Oakes, John. *A Very Short Introduction to the Senussi Order*. 28 12 2012. https://libyastories.com/2012/12/28/libya-a-very-short-introduction-to-the-islamic-senussi-order/ (geopend 21 06 2016).

Olidort, Jacob. *The Politics of "Quietist" Salafism*. In *The Brookings Project on U.S. Relations with the Islamic World* , 2015.

Ottaway, David B. *U.S. Eyes Money Trails of Saudi-Backed Charities*. 19 08 2004. https://www.washingtonpost.com/archive/politics/2004/08/19/us-eyes-money-trails-of-saudi-backed-charities/8215d5ec-670f-4ed3-80e1-65069a8b9acd/ (geopend 11 11 2015).

Puri, Rakshat. *Bulleh Shah in Punjabi Poetic Tradition*. In Sen, Geeti (ed.). *Crossing Boundaries*. pp.126-138. Hyderabad: Orient Longman, 1997.

Qadhi, Yasir. *On Salafi Islam*. 2014. http://cdn.muslimmatters.org/wp-content/uploads/On-Salafi-Islam_Dr.-Yasir-Qadhi.pdf (geopend 31 07 2015).

Qadir, Ali. *When Heterodoxy Becomes Heresy: Using Bourdieu's Concept of Doxa to Describe State-Sanctioned Exclusion in Pakistan*, In *Sociology of Religion* 76, nr. 2 (04 2015):pp. 155–176.

Reuters. *Ex-cricketster onderhandelt met regering over onrust*. 21 08 2014. http://www.standaard.be/cnt/dmf20140820_01225917 (geopend 15 07 2015).

Rumi, Jelal-ud-Din. *Diwan-e Kabir - Ghazal 455*. sd. http://www.dar-al-masnavi.org/gh-0455.html (geopend 11 06 2015).

Ryad, Ummar. *Van progressief naar conservatief: De wortels van het salafisme*. In *Roodkoper* 13, nr. 4, 2009.

Safi, Omid. *Is Islamic Mysticism Really Islam?* 30 03 2011. http://www.huffingtonpost.com/omid-safi/is-islamic-mysticism-real_b_841438.html (geopend 15 08 2016).

Salazar, Abdul Latif Ovidio. *Al-Ghazal: The Alchemist of Happiness*. Matmedia Productions. 2004.

Scharbrodt, Oliver. *The Salafiyya and Sufism: Muhammad 'Abduh and his Risalat al-Waridat (Treatise on Mystical Inspirations)*. In *Bulletin of the School of Oriental and African Studies* 70, nr. 1, 2007: pp.89-115.

Schimmel, Annemarie. *Mystical Dimensions of Islam*. The University of North Carolina, 1975.

Schwartz, Stephen. *The Sufi Foundation of Libya's Revolution*. 23 08 2011. http://www.huffingtonpost.com/stephen-schwartz/sufis-in-the-libyan-revolution_b_933611.html (geopend 06 21, 2016).

Seekershub Answer Service. *Imam Ghazali's Ihya 'Ulum al-Din's Importance and Value: A Reader*. 08 12 2014. http://seekershub.org/ans-blog/2014/12/08/imam-al-ghazzalis-ihya-ulum-al-din-importance-and-value-a-reader/ (geopend 11 05 2016).

Seyed-Gohrab, Asghar. *Soefisme: Een levende traditie*. Prometheus-Bert Bakker, 2015.

Shahidullah, Faridi. *The Meaning of Tasawwuf*. sd. http://masud.co.uk/ISLAM/misc/faridi.htm (geopend 08 04, 2015).

Slaats, Jonas. *Soefi's, Punkers & Poëten: Een christen op reis door de islam*. Averbode, 2015.

Soelle, Dorothee. *The Silent Cry: Mysticism and Resistance*. Augsburg Fortress, (1997) 2001.

Tahir-ul-Qadri, Muhammad (Facebook account). *Dr Tahir-ul-Qadri belongs to middle class*. 20 12 2012. https://www.facebook.com/Tahirulqadri/videos/10200238578233277/ (geopend 15 07 2015).

Tassier, Manu. *Fatwa moet terroristen in de dop doen nadenken,* . 03 03 2010. http://www.standaard.be/cnt/p12n09t1 (geopend 15 07 2015).

Turner, Colin, en Hasan Horguc. *Said Nursi (Makers of Islamic Civilization)*. I. B. Taurus, 2009.

Van Bommel, Abdulwahid. *Ahmed Yasawi*. Den Haag: Türkevi, 2013.

—. *De zeven adviezen van Djalâl'ud-Dîn Rûmî*. sd. http://www.abdulwahid.nl/konya-criteria.html (geopend 14 08 2016).

van Bruinessen, Martin. „De Fethullah Gülenbeweging in Nederland: Een rapport opgesteld op verzoek van de Minister voor Wonen, Wijken en Integratie." Universiteit Utrecht. 2010. http://dspace.library.uu.nl/handle/1874/190647 (geopend 08 11, 2016).

Van Bruinessen, Martin. *Popular Islam, Kurdish nationalism and rural revolt: the rebellion of Shaikh Said in Turkey (1925)*. In Bak, Janos M. & Gerhard Benecke, Gerhard (eds.). *Religion and Rural Revolt*, pp.281-295. Manchester University Press, 1984.

Vandewalle, Dirk. *A History of Modern Libya*. Cambridge: Cambridge University Press, 2006.

Waddel, Kaveh. *Trading Persian Tea for Seattle Coffee*. 05 05 2016. http://www.theatlantic.com/business/archive/2016/05/iranians-in-seattle/481401/ (geopend 12 05 2016).

Wanandi, Jusuf. *Forget the West, Indonesia must act for its own sake*. 12 11 2002. http://www.theage.com.au/articles/2002/11/11/1036308630455.html (geopend 10 04 2016).

Wikipedia. *Abul A'la Maududi*. sd. https://en.wikipedia.org/wiki/Abul_A%27la_Maududi (geopend 04 09, 2016).

Wikipedia. *International propagation of conservative Sunni Islam*. sd. https://en.wikipedia.org/wiki/International_propagation_of_conservative_Sunni_Islam (geopend 04 09, 2016).

Wikipedia . *Islam*. sd. http://nl.wikipedia.org/wiki/Islam (geopend 09 02, 2016).

Wikipedia . *Islamic schools and branches*. sd. http://en.wikipedia.org/wiki/Islamic_schools_and_branches (geopend 06 06 2015).

Wikipedia. *List of countries by oil production*. sd. https://en.wikipedia.org/wiki/List_of_countries_by_oil_production (geopend 12 11 2015).

Wikipedia. *List of countries by proven oil reserves*. sd. https://en.wikipedia.org/wiki/List_of_countries_by_proven_oil_reserves (geopend 12 11 2015).

Wikipedia. *Milestones (book)*. sd. https://en.wikipedia.org/wiki/Milestones_(book) (geopend 06 11 2015).

Wikipedia. *Stromingen in de islam*. sd. http://nl.wikipedia.org/wiki/Stromingen_in_de_islam (geopend 06 06 2015).

Wojtkowiak, Swiatoslaw. *Chechen female zikr: opening*. 16 12 2010. https://www.youtube.com/watch?v=GOvpuE8ejPM (geopend 13 05 2016).

Wojtkowiak, Swiatoslaw. *Dhamal in Shah Jamal: Sufi whirling*. 02 07 2013. https://www.youtube.com/watch?v=NqF1dxvAQkU (geopend 13 05 2016).

Wyatt, Caroline. *Cleric launches 'counter-terrorism' curriculum*. 23 06 2015. http://www.bbc.com/news/uk-33249099 (geopend 15 07 2015).

Yalman, Suzan. *Heilbrunn Timeline of Art History: The Art of the Safavids before 1600*. 10 2002. http://www.metmuseum.org/toah/hd/safa/hd_safa.htm (geopend 14 12 2015).

Zaidi, Abbas. *Noam Chomsky: General Zia ul Haq and Saudi Arabia destroyed Pakistan's public education.* 2 08 2014. https://lubpak.com/archives/319118 (geopend 13 02 2015).

Zalewski, Piotr. *Erdoğan turns on Gulenists' 'parallel state' in battle for power.* 06 05 2014. http://www.ft.com/intl/cms/s/0/0e7a3854-cc98-11e3-ab99-00144feabdc0.html#axzz3fW2McDRT (geopend 10 07 2015).

OVER DE AUTEUR

Als schrijver en sociaal activist beweegt Jonas Slaats zich steeds op de snijlijn van mystiek en maatschappijkritiek. Na zijn filosofische, antropologische en theologische studies werd hij actief in verschillende vormen van lokaal en internationaal vredeswerk – vaak met een focus op het multiculturele samenleven en het spanningsveld van religie, politiek en samenleving.

Enkele van zijn eerdere publicaties zijn *Fast Food Fatwa's: over islam, moderniteit en geweld*, *Halal Monk: een christen op reis door de islam*, *Adem: De essentie van meditatie en gebed* en *Vasten: de eenvoud van Gandhi en Jezus*.

www.jonasslaats.net.

OVER DE UITGEVERIJ

Yunus Publishing verzorgt verdiepende publicaties en webprojecten rond religie, mystiek en politiek. De *Punkademics* boeken vormen daarbinnen een specifieke reeks van onafhankelijke publicaties met een interdisciplinaire insteek die de grenzen van mainstream onderzoek doorbreken. Deze uitgaven bevatten grondige analyses voor een onderlegd publiek, maar laten zich niet vastpinnen door academische conventies.

Op de hoogte blijven van toekomstige uitgaven

Indien u in de toekomst graag geïnformeerd wordt over onze nieuwe publicaties en projecten, dan wordt u vriendelijk verzocht om u in te schrijven op onze nieuwsbrief, via www.yunuspublishing.org. U zal enkel gecontacteerd worden wanneer een nieuw boek of webproject gelanceerd wordt, uw adres zal nooit met anderen gedeeld worden en u kan zich op elk moment terug uitschrijven.

Een vriendelijk verzoek

Mond-aan-mond reclame is van groot belang voor alle publicaties en webprojecten van onafhankelijke uitgeverijen als de onze. Indien u dit boek kon appreciëren, vragen wij u dan ook graag om een korte recensie te plaatsen op Amazon.nl, Bol.com of de site van de handelaar waar u het kocht. Zelfs al schrijft u slechts twee zinnetjes, voor een kleine uitgeverij kan dat een enorme hulp betekenen.

Contact

Alle opmerkingen, vragen of verzoeken kan u altijd doorsturen naar mail@yunuspublishing.org.

www.ingramcontent.com/pod-product-compliance
Lightning Source LLC
Chambersburg PA
CBHW022009120726
47992CB00001B/488